金融依存の経済はどこへ向かうのか

米欧金融危機の教訓

所
編

日経プレミアシリーズ

はじめに

リーマンショックや欧州におけるソブリンリスクの高まりを背景に、欧米を中心として、金融に対する批判、「金融資本主義」への懸念が高まった。しかし他方で、大規模な金融緩和への依存を強める経済の実態がある。その後、日本でも、金融政策が先の総選挙の争点の一つになるなど、金融に対する関心がにわかに高まってきている。こうした情勢を受けて、2012年度に21世紀政策研究所において「金融と世界経済――リーマンショック、ソブリンリスクを踏まえて」というテーマで研究会を立ち上げ、金融と実体経済の関係について検討することになった。そして、池尾がその座長を務めることになった。

ただし、このテーマはきわめて幅広のものであって、到底全面的、包括的な検討はかなうところではない。また、研究会の規模も、テーマに比して比較的に小規模なものとなった。そのため、全体的な流れを骨太に示した上で、いくつかの選択的な論点に関して深掘りして検討するという研究計画を定め、それに従って研究会において、また参加メンバー各自において、研究を進めた。その成果は、本年4月に21世紀政策研究所の報告書としてとりまとめられた。

この報告書の内容は、現下の金融経済情勢の下では、より広範囲の人々にも有益ではないかとの意見があったことから、日本経済新聞出版社文化出版部の野澤靖宏さんに相談したところ、本書のかたちで出版することになった。出版にあたっては、とくに経済学の専門知識をもたない読者にもアクセスしやすいものとなるようにすべての章について改稿を行った。

以下、本書の構成を簡単に説明しておきたい。

本書の第1章は、過去30年間の1980年代、90年代、そして2000年代は「金融拡大」の時代であったという基本認識に立って、研究会での議論を踏まえて池尾がその流れを骨太に概観したものである。

1980年代以降、金融へのシフトあるいは金融依存ともいうべき動きが起こって、金融の拡大が始まったのは、第二次大戦後の復興・高成長の投資ブームが終わって、実物面での投資機会が乏しくなったことが基本的背景になっている。わが国における金融シフトは、80

年代中にバブル経済の生成と崩壊にまで行き着いてしまうことになり、その後はその後遺症を克服することに長時間を要するということになってしまった。

　これに対して米国での同様の動きは、約30年間にわたって継続し、より大がかりなものとなった。そうした彼我の差は、米国では不況産業化した伝統的金融業に代わって、様々な金融イノベーションを伴うかたちで「新しい金融」業が台頭してくるというダイナミズムがみられた（わが国では、残念ながらあまりみられなかった）ことに起因している。

　新たな金融の動きは、ある種の乱暴さも伴いながら、米国の企業社会の体質を変革し、金融資本主義化の傾向を推し進めるものとなった。また、金融イノベーションの結果、社会全体としてのリスク負担のキャパシティを拡大するという意義をもっていた。しかし、その拡大したリスク負担キャパシティが、実物面での投資その他の活動を促進する方向で用いられることにはならず、結局は金融システムの内部で過度のリスク負担が行われることになってしまい、ついには2007－09年のグローバル金融危機に至ってしまった。

　総括的にいうと、米国を中心とした金融拡大の30年間のうち最初の20年間については、マイナス面が皆無だったという意味ではないが、総合すればプラス面が大きかったと思われる。

しかし、最後の10年間については、マイナス面が強まり、金融の肥大化という非難を受けてもやむを得ない状況になっていたと考えられる。失敗は、リスク負担キャパシティの拡大に貢献したことにあるのではなく、その成果の活用を誤ったことにある。金融と実物的な経済活動との間の社会的役割分担を適正化した上での金融拡大が望まれる。

研究会で選択的に取り上げ、深掘りを図った論点は、4つである。本書の第2章から第5章には、それぞれの論点に関する検討結果がまとめられている。

第1の論点は、米国での金融拡大がわが国におけるそれよりも大規模で長期間にわたるものになった理由の一つに、グリーンスパン前議長の下で進められた米連邦準備制度の金融政策のあり方が民間部門によるリスクテイクのバックアップになった可能性が考えられるのではないか、という論点である。その可能性についての検討は、翁邦雄・京都大学公共政策大学院教授が担当した（第2章）。

第2の論点は、既述のように米国における金融拡大が大規模で長期間にわたるものであったのは確かだとしても、その最終的な顚末はわが国の場合とさして違わないものではないか、というものである。そこで、日本の経験と今般の金融危機以降の欧米における動きの類似性と前者から示唆される見通しについて、「日本化」をキーワードとして、高田創・みずほ総合研究所常務執行役員調査本部長が検討を担当した（第3章）。

第3の論点は、先般の金融危機のわが国への影響、あるいは金融危機の発生にわが国がどのように関わっていたとみられるか、というものである。今回、日本は金融危機に陥らなかったものの、リーマンショック以降、世界の貿易活動が急激に縮小したこと（Great Trade Collapse）から経済面で大きな打撃を受けた。このことは、逆の面からいうと、金融危機に先立ってわが国の輸出型製造業が北米市場への依存度を高めていて、国際的な経常収支不均衡（いわゆるGlobal Imbalance）の拡大が生じていたからである。グローバル・インバランスの拡大が金融危機の原因となったという見方もある。こうした点についての検討は、後藤康雄・三菱総合研究所主席研究員が担当した（第4章）。

最後の第4の論点は、大きな金融危機の後では公的債務残高の膨張が生じる傾向があり、財政危機が起こりかねない懸念がある、というものである。実際、欧州では2010年頃から周辺国を中心にソブリンリスクが顕在化し、現在も信用不安が完全に解消されたとは言いがたい状況にある。また、国債市場の平穏ぶりとは裏腹に、わが国の財政事情が客観的にみて先進国中で最悪の部類に属することは事実である。これらの状況を踏まえた上で、今後のわが国財政の持続可能性について、小黒一正・法政大学経済学部准教授が検討を担当した（第5章）。

以上の本書の内容が、これまでの金融と世界経済の動きを理解する上で参考になり、これからの金融と世界経済の動きを考える上で示唆するところがあるよう希望したい。

２０１３年7月

池尾　和人

目次

第5章

アベノミクスと日本財政を巡る課題
現実の直視から、財政再建は始まる

第　1　章

金融拡大の30年間を振り返る

池尾和人（慶應義塾大学経済学部教授）

投資ブームの終焉

第二次大戦後、約30年間にわたって先進諸国において復興とその後の高成長の時期が続いた。この時期には、大きな投資ブームが世界的に起こっていたといえるが、1970年代を迎える頃になると、そうしたブームもついに終焉する。世界的な貯蓄動向は、一貫して比較的安定的に推移していたので、投資ブームが生じていた時期には投資超過（投資＞貯蓄）の傾向がみられ、金融面では資金不足が基調となっていた。しかし、投資ブームの終焉とともに、貯蓄超過（投資＜貯蓄）の傾向に転じ、金融面では資金余剰が基調になった。[1]

1970－80年代以降の先進諸国の経済が成熟化し、実物面での投資機会が相対的に乏しくなったという新たな現実は、経済の各部門における行動の変化を促すものとなった。

まず、企業部門（事業会社）は、既存の事業からは順調に利益が上がってはいるが、新規の投資機会が少ないという成熟企業状態におしなべてなったことから、内部に巨額のフリーキャッシュフローを抱えることになった。フリーキャッシュフローの存在は、過剰投資を引き起こしかねないという企業統治（corporate governance）上の問題を引き起こすとともに、その運用の必要から直接的には財務活動の活発化をもたらすことになった。

金融部門については、それまでのビジネスモデルが有効性を失い、とりわけ伝統的な銀行業は不況産業化することになった。すなわち、資金不足が基調の時期には、資金の利用可能性が企業の価値創造活動のボトルネックとなっており、不足しがちな資金をなんとか集めてきて、それを企業に貸し付けることによって、銀行は企業の価値創造活動に貢献することになり、利益を得ることができた。しかし、資金余剰が基調になると、資金の利用可能性はもはや企業の価値創造活動のボトルネックではなく、単に資金を貸し付けるだけでは、銀行は企業の価値創造活動に貢献できなくなった。

他方、政府部門については、経済の成熟化は税収等の伸び悩みにつながることになり、財政赤字の拡大が生じることになった。そのために、当初は財政健全化の必要性が強調されるところとなり、その分だけ景気対策の負担は金融政策にかかることになった。すなわち、一般的に財政引き締め・金融緩和の政策スタンスがとられるようになっていった。また、経済の再活性化を目指して規制緩和等の措置が積極的にとられるようになった。

こうした各部門の行動が組み合わさる中で、わが国においては１９８０年代の後半にバブル経済の生成と崩壊を経験することになり、1990年代以降は、経済の低迷が長期間にわたって続くことになった。これに対して米国における対応した動きは、ある意味でより大がかりで長い時間（おおよそ30年間）にわたるものであった。以下では、この米国（および関連した範囲で欧州）における動きを順次みていくことにする。

なお、後知恵的に振り返ると、米国における動きの最終的な結末は、実はわが国のそれと大差がなかったともいえる。しかし、米国における動きが大がかりで長期間にわたるものになったのは、米国では活発な金融イノベーションが起こり、衰退産業化した伝統的銀行業に代わって「新しい金融」業が台頭してきたからである。そうした革新的な動きは、残念ながら、わが国では乏しかった。そこで、まず金融イノベーションをめぐる動きからみていくことにしよう。

野蛮人達の活躍

1960年代の後半くらいから、フリーキャッシュフローを抱えた米国企業の経営者は、業務上の関連性が乏しい分野に対しても、収益変動を縮小する効果があるといった名目で企業買収を実施するようになり、いわゆる「帝国建設（empire building）」的な動きが目立つようになった。多くの場合には、そうしたかたちの多角化は、シナジー効果をもたらすものではなく、逆にコングロマリット・ディスカウント（合併後の企業価値が合併前の企業価値の合計よりも小さくなること）と呼ばれる非効率性をもたらすものでしかなかった。

１９７０年代になると、戦後のベビーブーマーが大挙して労働市場に参入してきたこともあって賃金コストが低下したことから、資本蓄積が手控えられるようになった。そのために、米国では労働生産性の低迷がみられるようになった。米国の経済全体としても、パフォーマンスの低下に悩まされるようになり、「子の世代は親の世代よりも豊かになり、孫の世代は一層豊かになる」のが当たり前だと思われていた社会において、はじめて「子の世代が親の世代よりも貧しくなる」可能性が懸念されるようになる。

しかしながら、こうした閉塞感を打破する新たな動きを産み出すだけのダイナミズムを米国社会は発揮する。１９８１年にレーガン政権が発足し、社会実験的といえる大きな政策変更を試みたのも、そうしたダイナミズムの一例だといえる。そして、レーガン政権下での規制緩和にも後押しされるかたちで、１９８４－89年頃に大きなM&Aのブームが起こることになる。この時期の企業買収は、買収後に被買収企業を再編成し、コングロマリット・ディスカウントの解消から利益を上げることを狙いとするものであった。

それとともに、M&Aの実行に関連して、LBO（Leveraged Buyout）やジャンク債といった新たな金融手法が開発されるという金融イノベーションが起こった。LBOは、買収対象企業の資産あるいは将来キャッシュフローを担保にして負債を発行して買収資金を調達するという手法である。それゆえ、LBO関連の負債は、企業買収の成否によって返済可能性が大きく変動するリスクを伴うものである。そうした負債を社債のかたちで出した場合には、その社債はハイリスク・ハイリターンのジャンク債ということになる。

1980年代にはジャンク債の市場が登場・発展したことから、LBOのための資金調達は銀行借り入れに限定されずに、ジャンク債の発行で行うことも容易化した。そのために、一層LBOが盛んに行われるようになり、「経営者帝国」は急速に解体されていくことになる。「帝国」に安住していた旧世代の経営者からすると、LBOによる企業買収の企てはきわめて乱暴な行為であり、それを行う者たちは「野蛮人」であるとしか思えなかったと想像される。しかし、その野蛮人達が米国の企業社会の風景を変えてしまうことになる。

すなわち、１９８０年代のM&Aブーム以降の米国は、資金提供者の利益を優先して考える金融資本主義の側面を強めていくことになる。

銀行家の失敗

こうした野蛮人達の活躍の一方で、１９７０年代以降、伝統的な銀行業は米国においても不況産業化していき、それから脱却しようとした試みは、次々に失敗していく。

その最初は、いわゆる累積債務国問題である。１９７０年代の後半、国内での貸出先を見出しにくくなっていた米国の大手商業銀行は、折からの資源価格の高騰を背景に、中南米等の開発途上国向けの（ドル建て・変動金利での）貸出を増加させる。しかし、１９８０年代になって世界的な経済不況を反映して資源価格が一転して低下したことと、当時のボルカー議長の下、米国連邦準備制度が高進していたインフレーションの抑制を意図して強力な引き締め政策をとり、その結果として高金利となったことから、開発途上国の多くが返済困難に陥ってしまった。そのために、米国の大手商業銀行は大きな損失を被ることになった。

１９７０年代の末頃には、米国は高インフレ状況にあり、その是正のために右記のように強力な引き締め政策がとられ、短期金融市場（money market）における金利は2桁水準にまで上昇していた。その一方で、小口預金に関しては金利規制が続けられており、小口預金金利は低位に固定されていた。そのために、大きな裁定機会が存在するかたちになり、その機会を利用して利益を上げようとして、MMMF（Money Market Mutual Fund）の開発という金融イノベーションが証券業界によって行われることになる。

MMMFというのは、小口の貯蓄資金を集めて、プールした資金を短期金融市場で運用することで、小口の貯蓄者にも短期金融市場で成立していた金利水準に準じる高い金利の享受を可能とさせる投資信託の一種である。安全性の高い短期金融商品にもっぱら投資を行うことから元本割れのリスクはほとんど存在せず、その残高を見合いに小切手を発行することが可能であるなど、銀行預金ときわめて代替性の高い金融商品である。

MMMFの登場によって、金利の規制された預金からMMMFへの大規模な資金流出（disintermediation）が発生することになり、預金金利規制を継続している限り、銀行は預金で資金を集められないという事態に追い込まれることになった。そのために、預金金利規制の撤廃が進められていくことになる（最終的には、1983年10月に預金金利自由化が完了する)[2]。けれども、預金金利規制の撤廃によって、米国の預金取扱金融機関（経済学的にみた「銀行」）の中でも商業銀行と並ぶもう１つの業態である貯蓄貸付組合（Savings and Loan Association、以下Ｓ＆Ｌ）は、存続の危機に直面することになる。

Ｓ＆Ｌは、もっぱら住宅ローン（正確には、米国では法制上の立て付けが日本とは若干異なるので、住宅モーゲージresidential mortgage）に運用先を制限された金融機関で、預金を原資に30年物を中心とした住宅ローンを固定金利で貸し付けていた。預金と住宅ローンの満期には大きなギャップがあったが、預金金利規制が存在していたときには、安定的な利ざやの確保が保証されており、金利変動リスクを心配する必要はなかった。

ところが、高インフレを反映した高金利の状況の下で預金金利規制が撤廃されると、Ｓ＆Ｌはたちまちに逆ざやに陥ってしまった。既に貸し出した住宅ローンが残存している以上、逆ざやであろうとも、資金調達を止めてしまうわけにはいかない。こうして１９８０年代のはじめには、ほとんどすべてのＳ＆Ｌが時価評価すれば債務超過という状態に陥ってしまう。これは、個別の金融機関の経営の失敗という話ではなく、業態全体を巻き込んだ構造的問題であった。しかし、こうした事態に直面しても、米国の規制当局や政府・議会は問題先送り的な対応しかとらなかった。

すなわち、会計基準を緩和して、実態が債務超過であることを認識しなくても済むようにした上で、これまで認めていなかった商工業向けの貸出業務をS&Lに解禁する法改正が行われた。この法改正は、新しい業務分野をS&Lに認めることで、新規分野でS&Lが儲けて住宅ローンの逆ざやの穴埋めを図ることを期待するものであった。しかし、商工業向けの貸出業務は従来から商業銀行が手がけてきたものであり、商業銀行が既に貸出不振に悩む状況にあった。そうした状況において(ノウハウ等の乏しい)S&Lが遅れて参入しても、実際には利益を上げることはきわめて困難であった。

結局、S&Lは、商業銀行がリスクが大きいとして避けていたような分野に貸し込んでいくことになり、多くの場合に失敗し、さらに債務超過幅を拡大させることになった。こうしてむしろ事態の悪化がもたらされ、1980年代の末には、ついにそれ以上放置することはできなくなって、1500億ドルに及ぶ公的資金の投入を伴うS&L危機の処理がようやく行われることになった。そして、1990－91年には、商業銀行も不動産関連融資の大量の不良債権化から、危機的な状態に陥ることになった。

こうした失敗を経て1990年代以降は、米国の大手商業銀行は、伝統的なビジネスモデルを放擲し、より成功を収めていた証券業界や投資銀行のビジネスモデルに同化していくことになる。業態規制に関しても緩和が進められていき、1999年にグラム・リーチ・ブライリー法が成立したことで、業態の壁は基本的に撤廃されることになった。

証券化の進展

預金金利規制撤廃後は、金利変動リスクの大きさから、預金取扱金融機関が長期固定金利の住宅ローンを提供することは困難になった。そのために、変動金利の住宅ローン等が開発されたが、消費者のニーズにかなうものではなかった。そこで、長期固定金利の住宅ローンの供給を可能にすべく積極的に取り組まれるようになったのが、住宅ローンの証券化(securitization)である。

政府支援企業(GSE)であるファニーメイ(連邦住宅抵当公庫)やフレディマック(連邦住宅金融抵当公庫)がスポンサーとなって、民間の金融機関や業者から買い上げた住宅ローン債権をパッケージ化して、それを裏付け(担保)にした債券を発行するようになった。

住宅ローンのデフォルト（債務不履行）リスクはスポンサーが負担するが、金利変動や繰り上げ償還のリスクについては、住宅ローン担保証券（ＲＭＢＳ）を購入した投資家が負担することになった。住宅ローンを組成（originate）した民間金融機関等は、スポンサーに住宅ローン債権を売却した時点で資金を回収できることになる。

この結果、住宅ローンの提供者は預金取扱金融機関である必要性はなくなり、日本風にいうといわゆるノンバンクが、住宅ローンの組成の分野に多く参入してくるようになった。この種のノンバンクは、モーゲージ・バンクとかモーゲージ・カンパニーと呼ばれているが、米国の現状では組成される住宅ローンのおよそ3分の2は、これらモーゲージ・バンクによるもので、預金取扱金融機関によるものは約3分の1となっている。

こうした住宅ローンの証券化を通じて、証券化に関するノウハウの蓄積が進み、その技術も洗練されていった。例えば、初期の証券化では、1種類の債券のみが発行され、担保となっている資産プールから発生するキャッシュフローをそのまま投資家に引き渡すという形式のもの（pass through 型）であった。しかし、その後は、優先劣後構造を導入した複数種類の債券を発行する（tranching）というかたちが一般化していった。

また、経験の蓄積とともに証券化の対象資産は、住宅ローンに止まらず、自動車ローンやクレジットカード債権、さらには商業用不動産といったものにまで広がっていった。加えて、政府支援企業の関与なしに、民間の経済主体だけで証券化を行う（private label）というケースも増加していった。

証券化の発達は、銀行業のあり方を大きく変容させるものになった。かつての銀行は、組成保有型（originate to hold）のビジネスモデルに従っており、自らが組成した貸出債権については満期まで自身で保有するというのが原則であった。そのときには、銀行と資本市場（債券市場・株式市場）との関係は代替的なものであって、企業による社債発行と銀行借入はライバル関係にあった。ところが、証券化が一般化するとともに、組成販売型（originate to distribute）のビジネスモデルが普及するようになった。組成販売型のビジネスモデルの下では、銀行は証券化商品市場という資本市場とは補完的な関係になる。

一般的に１９８０年代以降、１つの金融機関が自前で完結的に業務を遂行する体制から、複数の金融機関や業者が分業的に業務を遂行する体制への移行（unbundling）がみられるようになったといえる。各金融機関等の間をつなぐマーケットが存在することで、そうした分業が可能になる。この意味で、現代の銀行業は各種の資産市場の存在を前提としてはじめて成り立つものに変貌していったといえる。それとともに、金融仲介の連鎖（intermediation chain）が長くなるという傾向がみられるようになった。

すなわち、銀行が預金で集めた資金を使って住宅ローンを提供するという短いチェーンから、①モーゲージ・バンクが住宅ローンを提供し、組成した住宅ローン債権を証券化のスポンサーに売却する、②スポンサーは買い上げた債権をパッケージ化して、それを裏付けにした債券を発行する、③その債券をＭＭＭＦのような機関投資家が購入し、その資金は一般の個人から集める、[3]といった多段階からなる長いチェーンに変わっていった。

金融派生商品の開発

証券化と並んで、この時期に発達したのが、金融派生商品（derivatives）の取引である。金融派生商品の中でも、先渡しや先物の取引は古くから存在していたが、１９７３年にシカゴ商品取引所（ＣＢＯＴ）が個別株オプションの上場を行い、１９８１年に世界銀行とＩＢＭの間で世界初のスワップ取引といわれる通貨スワップの協定が結ばれた。

１９７０年代になってブレトンウッズ体制が崩壊し、変動相場制に移行するとともに、金融の自由化と国際間での資本移動の自由化が進行した。こうした過程で各種の資産価格（金利や為替レートも含む）に関して変動性が増大したことが、リスク管理の重要性を高めることになり、リスク管理のための手段（instruments）に対するニーズを高めた。このニーズに応えるかたちで、新たな金融派生商品が開発され、提供されるようになっていった。

新たな金融派生商品の開発には、ファイナンス理論の発展と情報技術（ＩＴ）の発展に伴う計算能力の飛躍的な向上が決定的な寄与を果たした。ＣＢＯＴでの個別株オプションの上場と期を一にして、オプション価格に関するいわゆるブラック＝ショールズ方程式が発表される。この結果、ブラック＝ショールズ方程式の内容を理解することは困難であるとしても、その式を関数として組み込んである電卓を使えば、誰でも簡単にオプション価格を計算できるようになり、オプション取引への参加が容易化されることになった。

その後、１９７９年に金融派生商品の価格決定に関しては、ハリソン、クレプス、プリスカによって一般的な（マルチンゲール）評価方法が確立され、少なくとも完備市場と呼ばれるケースについては理論的な解明が事実上完成する。これによって、キャッシュフローの組み替えに関する技術の理論的な基礎が出来上がったことになり、コンピュータの発展による計算能力の飛躍的な向上に支えられて、いわゆる金融工学（financial engineering）と呼ばれる分野が急速に発展していくことになる。

他方、１９８０年代の後半になると、冷戦の終結に目途がつき始めたのと、レーガン軍拡で拡大した財政赤字の縮減のために、ＮＡＳＡ（全米航空宇宙局）で大規模なリストラが行われることになり、それまでロケット開発に従事していた科学者や技術者の多数が放出されることになった。これらのいわゆる「ロケット・サイエンティスト」が金融業界に転職し、金融工学に基づく新商品や取引手法の開発に従事するようになった。１９９０年代の前半には、ＩＢＭといった情報産業の企業でも大規模なリストラが行われ、結果的に金融業界に大量の技術者等が提供されるようになった。

当初、金融派生商品は、株価、金利、為替の変動といった市場リスクに関わるものがもっぱらであったが、１９９０年代になると、信用リスクに関わる金融派生商品が登場するようになる。信用リスクに関わる金融派生商品（クレジット・デリバティブ）も様々なものが考案されたが、最終的に生き残って代表的商品としての地位を占めることになったのは、

ＣＤＳ（Credit Default Swap）と呼ばれるものである。

ＣＤＳの取引においては、特定の企業や国家を「参照組織」として定め、①その参照組織がデフォルト（債務不履行）に該当する事態に陥った場合には、あらかじめ定めた（想定）元本額（の減価分）を支払うことと、②一定額の定期的な金銭（プレミアム）の支払いが交換される。①を提供し、②を受け取る側をプロテクションの売り手、逆に①を受け取り、②を提供する側をプロテクションの買い手と呼ぶ。①を保険金、②を保険料と解釈すれば、ＣＤＳは倒産保険に類似した取引であるといえる。

ただし、ＣＤＳの場合には、その参照組織に対する債権を実際に保有していなくても、プロテクションを購入することができる。そのために、プロテクションの価値に比べてプレミアムが割安だとみられると購入し、逆に割高だとみられると売却するといったかたちで、ディーリング取引の対象として売り買いされている。プレミアムの水準は、そうした売り買いがバランスする水準に決まることになる。取引参加者のもつ様々な情報や新たなニュースの到来に応じて、需給関係が変わり、プレミアムが変動することになる。

金融の基本的な機能のうち代表的なものは、資金の配分とリスクの管理の２つである。そして後者には、社会全体によるリスク・シェアリングを推進し、それを以て社会全体としてのリスク負担キャパシティを拡大するという意義がある。こうした意義に照らしたときに、証券化やデリバティブに関連した金融技術の進展は、リスク・シェアリングの可能性を広げるものであるという点で、積極的に評価されるべきものである。問題は、こうした拡大されたリスク負担キャパシティをどのような用途に用いるかである。

「新しい金融」業の台頭

不振化した伝統的な銀行業に代わって台頭した「新しい金融（New Finance）」業は、経済の中に存在している何らかの「歪み」を見出して、それを利用した裁定（arbitrage）活動によって利益をあげるというビジネスモデルに従うものであった。

例えば、その本質価値（intrinsic value）よりも市場価格が低くなっている資産があれば買い（longし）、逆にその本質価値よりも市場価格が高くなっている資産があれば売る（shortする）。そうした後に、市場価格が本質価値に回帰すれば、さやがとれて利益を得られることになる。しかも、ロング（資金運用）とショート（空売りによる資金調達）を組み合わせて行えば、少ない自己資金で多くの利益を得ることが可能になる。

こうしたビジネスモデルを典型的に実践しているのが、いわゆるヘッジファンドである。[4] ヘッジファンドの起源は古くまでさかのぼれるけれども、それが業態として確立したのは、１９９０年代初めである。まだその頃には、多くの大きな「歪み」が世界経済の中に存在していた。そのために、ヘッジファンドは巨額の利益を上げることができた。

よく知られている象徴的な事例は、１９９２年のポンド危機である。当時、英国のポンドが割高になっていると判断したジョージ・ソロスに率いられたヘッジファンドは、徹底的にポンドをショートした。そのこと自体が、ポンドを下落させる圧力となり、イングランド銀行による買い支え努力にもかかわらず、ポンドは暴落する結果となった。この顚末によって、ソロスのヘッジファンドは10～20億ドルほどの利益を上げたとされる。

ただし、「歪み」が是正されるというのは、単にヘッジファンドが儲かるというのだけではない。それは、基本的には社会的にも好ましいことである（効率化が進むことを意味している）。ポンド危機に関しても、ポンドの過大評価が解消されたことから、１９９２年下期から英国経済は、他の西欧諸国に先駆けて景気回復を遂げることになった。英国政府やイングランド銀行の面子はつぶれたかもしれないが、ポンドの過大評価が続いているよりも、それが解消されたことは、英国経済には好ましいことだった。

しかし、こうした裁定型のビジネスモデルには、基本的なジレンマがある。裁定が成功すれば、価格体系の歪みは解消されていく。最終的に、一物一価が成立し、実質的に同じキャッシュフローに異なった価格がついているといった事態がなくなれば、それ以上の利益を裁定取引を通じて上げることはできなくなる。また、不合理な経済政策は、かつてはヘッジファンドを儲けさせる格好の機会を与えるものであったけれども、各国の政策当局も（ポンド危機等から）学習し、より賢明になって、政治的威信を優先して経済合理性を欠くような政策をとるといったことも少なくなった。

要するに、裁定型のビジネスモデルは成功したがゆえに、世界的な金融資本市場の効率化をもたらすとともに、自らの収益機会を枯渇させることになっていった。既述のように１９９０年代前半は、まだ多くの大きな「歪み」が残存しており、ヘッジファンドの手法も「グローバルマクロ」と呼ばれるような、卓越した才能をもったファンド・マネージャーが世界経済の動きを読んで投資を行うといったものが、主流であった。しかし、１９９０年代の後半以降になると、そうした大きな「歪み」を見出すことはできなくなっていった。

　他方で金融工学が発展したことで、金融工学に基づく価格モデルを使って小さな「歪み」を発見して裁定を行うという手法をとるヘッジファンドが増えていった。こうした金融工学の価格モデルを使う投資手法であれば、「卓越した才能」のようなものは必ずしも必要ではない。そのために、ヘッジファンド業界への参入の障壁は低下することになり、ますます多くのヘッジファンドがしのぎを削ることになった。この結果、ヘッジファンドの収益源である「歪み」は、ますます小さく少ないものになっていった。

　参入が増え、競争が厳しくなる中で、結果的にヘッジファンドの多くは、収益性を維持するためにレバレッジ（負債への依存）を拡大する道をとることになる。利ざやが薄くなっても、負債を増やして自己資金の何倍もの額を投資すれば、トータルとしての収益の額は大きくなり、自己資金に対する収益率を高く維持することができる。この種の行動の結果、巨額の投資資金が限られた投資対象を追い回すようになり、（バブル的な）資産価格の全般的な上昇傾向が生まれることになった。

収益機会の枯渇と金融の肥大化

一方、投資銀行は、もっぱら大企業を顧客として顧客の資本市場からの資金調達を支援し、そのことに付随して企業の財務面に関するアドバイス（合併、買収の斡旋を含む）を行うことを主たる業務としているのが、本来的な姿であった。したがって、自らのバランスシートに大きな資産・負債残高を抱えるというものではなかった。しかし、本来の発行市場（primary market）関連の業務だけでは収益に限度があることから、徐々に流通市場（secondary market）にも関わるようになっていった。

要するに、投資銀行は、証券流通市場で自己勘定によるトレーディング業務を行ったり、傘下にヘッジファンドをもつ、あるいは自らヘッジファンド的な投資活動を行うようになっていく。こうした活動についても、1990年代中は好調で、投資銀行の収益性は高かった。そして、高収益性は、多くの人材や資金を引きつけることになり、ビジネススクールの最優秀の卒業生達はこぞってウォール街を志望するようになる。かくして、成功ゆえに米国のヘッジファンドや投資銀行の規模は拡大していくことになる。それとともに、高報酬は優秀さに見合うものとして正当化されるという企業文化が広まっていった。

しかし、繰り返すと1990年代の後半を迎えると、それまでのように容易に収益機会を見出すことはできなくなっていった。そうした中で収益性を維持するために、ヘッジファンドに限らず、米国の大手金融機関もおしなべてレバレッジを高める行動をとるようになる。データ的にも90年代半ばを境に米国の金融部門のレバレッジ比率は急上昇し、好調時にはよいとしても、経済に負のショックが加わったときにはきわめて脆弱な財務構造に変わっていく。この結果、90年代末以降の金融の拡大は、それまでのような積極的に評価できる面の少なくないものから、否定的な面の強い「肥大化」に転じていったとみられる。

米国の大手金融機関がレバレッジを高めるための負債性資金の調達手段として発達したのが、レポ取引である。レポ取引（Ｒｅｐｏ／Repurchase Agreement）とは、簡単にいえば担保付きでの資金の貸借である。レポ（取引の）市場において金融機関は、自らが投資対象として購入した資産を担保に借入を行うことができる。類似の資金調達手段として、ＡＢＣＰ（Asset-Backed Commercial Paper）の発行がある。これも、金融機関が自ら投資対象として購入した資産を担保にした借入である。今般の金融危機の前夜には、レポ市場は

図表1-1　影の銀行システムのイメージ図

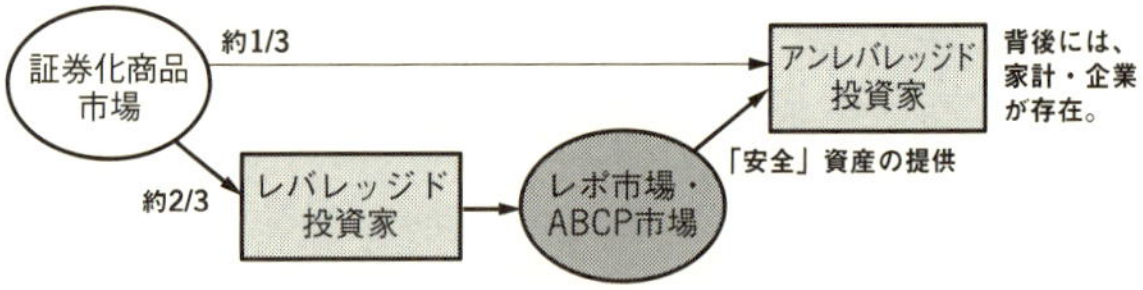

レバレッジド投資家：ヘッジファンドや投資専門会社（SIV）など
アンレバレッジド投資家：MMMF、年金基金など

米国における最大級の金融市場に成長していた。

レポ市場が急成長したのは、資金運用側のニーズにも応えるものであったからである。１９９０年代以降、全般的な金融緩和と資金財務管理（cash management）の高度化などを背景に、事業会社や年金基金をはじめとした機関投資家による大口の短期資金の安全運用ニーズが急拡大した。しかし、そうしたニーズに応える金融商品は不足していた。米国の場合でいえば、最も適切な商品は政府短期証券（ＴＢ）であるが、その発行量は限られていた。銀行預金には、大口になると預金保険による保護限度を超えてしまうので、完全な安全資産とはいえないという問題があった。

こうした短期安全資産の不足という問題に応える形で、レポ市場が拡大することになる。短期のレポ取引を通じる貸し付けは、米国の事業会社や機関投資家にとって大口銀行預金の代替物であり、破綻する可能性のある銀行の預金よりも（担保が信頼できる分、より）安全な資産だと考えられていた。担保の信頼性に応じて超過担保をとることで、安全性をより確実なものにすることができる。超過担保率のことを米国ではヘアーカット（hair cut）率と呼んでいる。例えば、ヘアーカット率が5％であれば、貸付額は担保価値の95％になる。このときに資金調達側の金融機関は、5の自己資金で100の投資ができることになり、そのレバレッジ率は20倍（100／5＝20）ということになる。

レポ市場の拡大は、それを中核とするかたちで、後に「影の銀行システム（Shadow Banking System）」（図表1－1）と呼ばれることになる信用仲介システムの形成につながっていく。影の銀行システムは、正規の銀行システムに相当する規模をもつようになったが、政府による規制監督をほとんど受けることはなかった。その反面、預金保険や中央銀行信用へのアクセスなどのセーフティネットの提供も受けていなかった。この意味で、影の銀行システムは、現代に出現したフリー・バンキング・システムであったといえる。

「市場に優しい」金融政策

高インフレの抑制に成功した後、1987年8月にボルカーは連邦準備理事会議長の座を退き、新たにアラン・グリーンスパンが同議長に就任した。その２ヶ月後にのちにブラック・マンデーと呼ばれるようになった株式市場のクラッシュが起きる。ブラック・マンデーは、２００７―09年の金融危機において全面的にみられるようになった新たなタイプのシステミック・リスクの発現形態の最初の実例だったといえる。

当時、機関投資家の間で、保有株式の値下がりリスクをヘッジする手法としてポートフォリオ・インシュランスと呼ばれる投資戦略が流行していた。これは、株式と安全資産からなるポートフォリオの構成比をダイナミックに組み替えていくことによって、プット・オプションを購入するのと同じ効果を実現しようとするものであった。この投資戦略を一人あるいは少数の投資家が採用して実践している間は、意図した効果をあげられる。しかし、多数の投資家が同様の投資戦略を共通して採用している場合には、株価の下落局面では、それをトリガーにして大量の株式の売りが出て、さらに株価の下落をもたらすことになり、意図とは異なる効果を生み出してしまうことになった。

すなわち、一人あるいは少数の投資家だけが行動する場合には、市場に大きなインパクトを与えることはなく、市場価格を所与とみなすことが（近似的には）許される。しかし、多数の投資家が同じような行動をとる場合には、マーケット・インパクトが生じることは不可避であり、それによって市場価格が変動してしまう影響を織り込まなければならない。ところが、そうした影響を織り込まないままに多くの投資家が行動した結果として、思わぬかたちで株式市場の大暴落が引き起こされてしまった。

現在これは、一般的にはコモン・エクスポージャ（common exposure）問題と呼ばれるようになっている。ある投資家が同じ行動をとっていても、他の投資家の行動がいかなるものであるかによって、帰結は変わってしまうことがある。とくに多くの投資家の行動が共通したものである（例えば、同一の資産クラスに投資をしている、すなわち、共通のエクスポージャをもっている）ときには、思わぬ増幅効果が生じる可能性がある。ところが、各投資家は、他の投資家がどのような行動をとっているかを十分に知った上で、自らの行動を決めているわけではない。ここにシステミック・リスクが生まれる余地がある。

このようなメカニズムで生じたブラック・マンデーに際して、グリーンスパンは市場に対して迅速に大量の流動性を供給すると宣言することによって、混乱を収束させることに成功した。この成功体験が、ＦＥＤビューあるいは後始末戦略と呼ばれる、グリーンスパン議長の下での連邦準備制度の金融政策運営に関する思想の1つの柱の確立に寄与したとみられる。FEDビューとは、「バブルかバブルでないかは弾けてみるまで分からない（中央銀行は、それが判断できるほど高い能力を持っていない）。それゆえ、事前の対応よりも事後的な対応（後始末）が重要である。一旦バブルが崩壊したと分かれば、潤沢に流動性を供給するなどして、その損害を最小限に食い止めるように行動する」というものである。[5]

後始末戦略に基づく金融政策運営は、ブラック・マンデーの際のみならず、その後のITバブルの崩壊の際も有効に機能した。しかし、「株価上昇の行き過ぎは容認するが大幅な下落は阻止する。その市場に優しい姿勢は、市場参加者に安心感を与え、歯止めなくリスクテイクを拡大して、それが金融危機につながった[6]」という面がある。すなわち、うまくいっているときには、その成果はそのまま市場参加者のものになり、まずい事態になったときには、グリーンスパンが尻ぬぐいをしてくれるということであれば、過度のリスクテイクに走ることが市場参加者にとって個別的には合理的な行動になってしまう。

この意味で、前節でみた金融の肥大化が進行したことには、グリーンスパン議長の下での連邦準備制度の「市場に優しい金融政策」の存在が大きく寄与していたのではないか。影の銀行システムは、預金保険や中央銀行信用へのアクセスといった公式のセーフティネットとは無縁ではあったが、実はグリーンスパンによる庇護（Greenspan Put）という強力な後ろ盾があった。そうした後ろ盾の存在を期待していたからこそ、米国の金融機関等は（安心して）レバレッジを高めることができたとみられる。

行き過ぎた金融緩和

グリーンスパンが連邦準備理事会議長に就任したのは、共和党政権下においてであったが、1993年以降、民主党のクリントン政権に代わっても議長を続け、96年にはクリントン大統領から3期目の議長の指名を受けた。グリーンスパンは、クリントン政権に対して財政健全化を図ることで長期金利の低下を促すことが持続的な経済成長につながるとの提言を行い、政権側もそれを受け入れて1400億ドル規模の歳出削減を打ち出した。この結果、実際に長期金利の低下がもたらされ、米国経済は94年以降、景気回復過程をたどることになる。それに伴って連邦政府の財政収支も黒字に転換した。

しかし、2001年に9・11同時多発テロを経験し、政権に復帰した共和党のブッシュ大統領がアフガニスタン戦争、イラク戦争に踏み切ったことから、戦費の拡大もあって、連邦政府財政は再び大幅な赤字を計上するようになる。こうした中で、２０００年のＩＴバブル崩壊以降、連邦準備制度は金融緩和を続けていたが、２００３年６月にグリーンスパンは、「デフレという悪性の病にかかる可能性を完全になくすために」一段の利下げを行う。その際に、グリーンスパンの回顧録『波乱の時代』の中には「利下げによってバブルが発生するリスクをとることもいとわないと考えた」と記されている。

「米国経済がデフレに陥る」というテイル・リスク（低頻度・高損失型のリスク）を除去するために一層の金融緩和を実施する（保険をかける）といった対応ぶりは、「リスク管理アプローチ」と名付けられている。歴史のｉｆに関して断言することはできないけれども、この時点でのリスク管理アプローチは失敗に終わったとみられるのではないか。すなわち、懸念されていたように実際に住宅価格バブルが発生し、その後の金融危機に至ることになった。この実際の歴史は、一層の金融緩和を実施せず、デフレに陥る可能性が払拭されなかったとしたときよりも、まだましだったとは言いがたいと思われる。

この点を強く批判してるのは、ジョン・テイラー教授である。[7] テイラー教授によれば、02

年以前の連邦準備制度は、テイラー・ルール[8]にほぼ従ったかたちで政策金利を誘導してきており、その結果として「大いなる安定（Great Moderation）」を達成してきた。ところが、03－05年の間にテイラー・ルールから「脱線」した緩すぎる金融政策をとったことが住宅バブルの膨張の原因となり、その後の状況を危機的なものにまで悪化させてしまった。要するに、テイラー・ルールからは脱線すべきではなかったというのである。

なお、グリーンスパンがバブル発生の可能性を認識しながら、あえて一層の金融緩和に踏み切ったのは、もしバブルが発生しても、それによる損失はデフレに陥った場合よりも小さいと考えていたからだと推察される。換言すると、バブルの後始末戦略に自信を持っていたからだと考えられる。しかし、ブラック・マンデーもＩＴバブルも株式市場に関わるものであって、信用仲介システムを巻き込んだものではなかった。

後知恵でしかないが、同じバブルといっても、株式（equity）にだけ関わったものである場合と信用（credit）にも関わるものである場合とでは、その後遺症の大きさは非常に異なってくるといえる。端的にいえば、自己資金で株式投資をしていて、株価が暴落したら、投資家が損をして終わりである。しかし、借金をして投資をしていて、投資対象の価値が失われたとしても、借金はそのまま残ることになる。日本が１９８０年代後半に経験したバブルは、信用仲介システムを巻き込んだものであって、そのダメージは著しく大きかった。しかし、グリーンスパンは、そうした信用型のバブルではなく、株式型のバブルのみを念頭に置いていたのではないかと思われる。

ところが、今回生起した米国の住宅価格バブルは、影の銀行システムという信用仲介システムを主舞台としたものであって、その崩壊に伴うダメージは、ＩＴバブルのときよりははるかに大きいものであった。そのために、連邦準備制度は後始末戦略を発動したものの、それは期待されていたようには有効に機能せず、バブル崩壊による損害は甚大なものになってしまった。なお、グリーンスパンが連邦準備理事会議長を務めたのは06年1月末までであったので、実際には、次の議長になったバーナンキが今回の金融危機の後始末に取り組むことになった。

２００７－09年の金融危機

２００７－09年の金融危機に関しては、その引き金（trigger）になったものと危機の増幅メカニズム（amplifier）とを区別することが重要である。引き金になったのは、周知のようにサブプライム・ローン問題である。

米国の住宅価格は、１９９０年代半ば以降、持続的な上昇過程にあった。このことには、米国金融機関のアグレッシブな投資姿勢も大いに寄与していたといえる。そして、既述のように、とくに２００３―05年に連邦準備制度が一段の金融緩和を行ったことから、住宅価格の上昇率は加速化し、ブームの様相を呈するようになった。こうした状況の中で、従来は融資対象とされてこなかった、標準（プライム）よりも信用度の低い層（サブプライム）に対する住宅ローンが提供されるようになり、その額も増大していった。

しかし、２００６年の夏頃になると、長く続いていた住宅価格の上昇もさすがに息切れするようになり、住宅価格は停滞する。すると、サブプライム・ローンに関して返済の遅延や不履行が急増することになった。というのは、サブプライム・ローンは住宅価格の上昇が続くことを大前提として設計された金融商品で、借り手の本来の所得からでは返済が到底困難なものだったからである。返済額の借り手の所得額に対する比率（Debt-service to Income、ＤＴＩ）が1を超えていることも珍しくはなかった。

住宅価格の上昇があたかも永久に続くかのように想定して、貸し手も借り手も行動するようになったのは、バブルに浮かされていたということに過ぎないのかもしれないけれども、その背後には、1985年頃から危機の直前まで米国はきわめて経済的には安定した時期（Great Moderation）を過ごしてきたという事実がある。20年も平穏な時期が続くと、人間の性《さが》としてリスクに対して高をくくるようになる。加えて、もしまずい事態になっても、連邦準備制度が何とかしてくれるという「信頼」があったといえる。

2007年になると、サブプライム・ローン市場に著しい変調が生じていることは、誰の目にも明らかになってきた。そして、同年8月にフランスの大手銀行BNPパリバが傘下のヘッジファンドの新規募集と解約を凍結すると発表し、金融関係者や投資家の間に一挙に不安が広がることになった（パリバ・ショック）。ただし、まだこの段階では、比較的に楽観論が支配的だった。というのは、サブプライム・ローンは、類似したものを含めても米国の住宅ローン市場の4分の1程度のシェアでしかなく、米国の金融資本市場全体の規模からみれば、「相対的には小さな」問題でしかないと考えられていたからである。

しかし実際には、「相対的には小さな」問題でしかないはずのサブプライム・ローン問題をきっかけに欧米の金融システム全般を揺るがすような危機に至ることになった。それは、危機を増幅するメカニズムが作動してしまったからである。古典的な危機増幅メカニズムとしては、1つないし少数の銀行の支払い不能（ないしはその懸念）が取り付けを誘発するといった事態がよく知られている。今回も、米国（および欧州）の金融機関は、もっぱら短期の借り入れで投資資金を調達していたので、そうした古典的な銀行取り付けにきわめて類似した事態に直面することになった。

影の銀行システム

既述のように、この時点までに米国では、正規の銀行システムと並行するかたちでの信用仲介システム＝「影の銀行システム」が大規模に形成されていた。

米国において影の銀行システムが発展したのは、1つには規制回避（regulatory arbitrage）の意図からだとみられる。正規の銀行システムには、検査・監督とともに、自己資本比率規制をはじめとした様々な規制が課されている（ただし、その反面で中央銀行信用へのアクセスや預金保険制度などのセーフティネットが提供されている）。これらの規制は、銀行の活動を制約し、無視できない負担を銀行に負わせるものである。そうした制約や負担を回避してビジネスを行う（規制逃れの）ために、影の銀行システムを構成する事業体や活動は生み出されたといえる面がある。

しかし、それだけではない。影の銀行システムの中核をなすのは、レバレッジをかけて証券化商品等に投資を行うヘッジファンドや投資銀行（自ら、あるいはオフバランスの別働隊の投資専門会社を通じて）と、それらが資金調達に活用したレポ市場やＡＢＣＰ市場である。既に述べたように、レポ市場やＡＢＣＰ市場の発達は、資金運用側の短期で安全な運用手段を求めるニーズに応えるものであった。すなわち、米国において影の銀行システムが発展したもう1つの理由として、短期安全資産の不足という問題に応えるものであったという面があることは見逃されてはならない。

影の銀行システムへの資金提供者は、絶対的な安全性を求めている。そのために、担保となっている金融商品の信頼性が低下すると、それを補うためにヘアーカット率（超過担保率）の引き上げを求めることになる。サブプライム・ローン問題の発生は、証券化商品の価値に対する信頼を低下させるものとなったので、それをきっかけにヘアーカット率の上昇が起こることになった。

金融危機の前の時点では、AAAの格付けを得た証券化商品であれば、そのヘアーカット率は3％程度であった。このとき、金融機関等は自己資金の30倍以上の規模の投資を行えることになる（100／3＝33・3）。しかし、ヘアーカット率が10％になると、自己資金の10倍規模の投資しかできなくなる。自己資金を急に増加させることは難しいので、ヘアーカット率の上昇に伴って資金繰りの苦しくなった金融機関等は、保有資産の売却に走らざるを得なくなった。そして、そうした資産売却の動きが当該資産の価格下落につながり、それをみた資金提供者はさらにヘアーカット率の引き上げを求めることになった。

こうしたプロセスがスパイラル的に進行した結果、AAAの格付けを得た証券化商品であっても、そのヘアーカット率は50％を超えるまでに上昇し、急激な信用収縮と資産価格の暴落が引き起こされることになった。かくして、資金繰りの困難（流動性危機）から、さらには資産価格の下落による損失によって支払い能力が毀損されて、多くの金融機関が破綻に至り、全面的な金融危機的状況が招来されることになった。

影の銀行システムは、政府や中央銀行によるセーフティネットの提供を受けていなかったので、上記のようなプロセスを初期の段階で食い止める方策がなかった。例えば、多くの金融機関が一斉に資金繰りに窮すると、買い手不在となって「投げ売り価格（fire-sale price）」でしか保有資産を現金化できなくなる。そして、そのことによる損失で支払い能力を失ってしまいかねない。ところが、こうしたときに中央銀行が「最後の貸し手」として、金融機関の保有資産を担保として融資をしてやれば、投げ売りをしなくても済み、それ以上の資産価格の下落にも歯止めをかけられる。けれども、影の銀行システムを構成していた金融機関は中央銀行信用へのアクセスの権限をもっていなかった。

しかし、危機の深刻化とともに、上記のプロセスによる危機の増幅を止めるべく、連邦準備制度は、これまで中央銀行信用へのアクセスを認めてこなかった（商業銀行以外の）金融機関等にもアクセスを認める各種の措置（facility）を矢継ぎ早に導入した。さらには、2008年11月から2010年3月にかけて信用緩和（credit easing）と称する（現在は、QE1とも呼ばれることがある）非伝統的な金融政策を大規模に展開した。これは、連邦準備制度が保有していた短期国債を売却することで、民間の短期の安産資産を求めるニーズに応えるとともに、その売却額を上回る額の住宅ローン関連の証券化商品などのリスク資産を購入するというものであった。

金融危機が進行する中で、米国国債を除く米国の様々な資産市場が機能不全に陥っていった。不安に駆られて投資家が不在となる中で、多くの金融機関が流動性の確保のために資産の大量処分の必要性に迫られていた。そのために、ファンダメンタル価値未満に資産価格は下落する（利回りは高騰する）負のバブル的な事態が起こっていたとみられる。こうした状況下において連邦準備制度が、信用緩和を行ったことは全く適切な対応だったと考えられる。これによって、実際に金融危機は終息に向かっていった。

なお、２００８年９月のリーマン・ブラザーズの破綻以降は、急激な信用収縮が進行し、もはや問題は金融システムの内部だけに止まらなくなって、経済全般の危機に転じていった。こうした中で、国際的な貿易活動の規模は、経済活動全体の規模の収縮よりもさらに大幅に収縮することになった。これによって、北米市場向けの輸出に依存するところの大きかった日本経済は、急激な外需の減少に見舞われることになり、金融危機を飛び越して、いきなり経済危機的な状態に陥ることになった。

グローバル・インバランスの拡大

金融危機に先立って、2000年代になってからとくに顕著に進行したのは、国際的な経常収支の不均衡（Global Imbalance）の拡大である。経常収支が常に均衡している必要はなく、経済発展段階の差などを反映して経常収支が黒字の国や赤字の国が存在しているのが、むしろ自然な姿だといえる。しかし、2000年代にみられた不均衡はきわめて一方的で発散的な性格のものであり、その持続可能性に関して懸念を抱かせるものであった。

すなわち、米国（および中東欧諸国）だけが経常収支の赤字を出し、EUは全体としては経常収支の均衡をほぼ維持していたが、その他の国々（日本や、中国をはじめとした新興諸国、資源産出国）は経常収支の黒字を出す構造が固定化していて、しかも年々その規模が拡大する傾向にあった。そのために、持続可能ではないという見方がかねてから主張されていたが、実際にリーマンショック以降に、急激にグローバル・インバランスの巻き戻しが生じることになった。

経済危機に伴って需要の収縮が起こるときに、すべての財サービスに対する需要が一律に減少するわけではない。例えば、食料品に対する需要よりも耐久消費財に対する需要の方が減少率は大きくなる。そのために、経済活動全体の規模の収縮よりも国際的な貿易活動の規模はさらに大幅に収縮すること（Great Trade Collapse）になったわけである。これによって日本経済は、とりわけ大きな影響を受けた。

グローバル・インバランスの発生原因に関しては、大きく分けて2つの見方が存在する。その第1は、貯蓄過剰（saving glut）説である。１９９７年にアジア金融危機が起こり、その翌年の１９９８年にはロシア危機が発生する（この際には、大手ヘッジファンドのＬＴＣＭが破綻する）。貯蓄過剰説は、これらの危機を契機にグローバル・インバランスの拡大がみられるようになったという経緯に着目するものである。

従来、東アジア諸国は外資依存の経済成長路線をとっていたが、アジア金融危機に際して、その頼りにしていた海外資本が突然に出ていって入ってこなくなった。そのために、外貨の資金繰りで塗炭の苦しみを味わうことになる。こうした事態（現在では、Sudden Stopとネーミングされている）を経験した東アジア諸国は、それまでの外資依存の経済成長路線から転換し、外貨保有に対する予備的需要を拡大させる。ラテンアメリカ諸国も同様の行動をとる。この結果、中国も含めて、ほとんどの新興経済諸国が貯蓄超過の状態になる。他方で、米国がほとんど唯一の投資超過国となることで、世界的にみたときの貯蓄と投資の一致がはじめて保たれることになった。

事態を上記のように理解して、世界的な貯蓄過剰が原因で、過剰な貯蓄に適切な投資機会を提供できる国が米国しかなかったことからグローバル・インバランスの拡大が生じたとみるのが、貯蓄過剰説である。確かに米国が経常収支の赤字を出すことができたのは、海外から資金が調達できたからであり、その資金の貸し手は、他ならぬ経常収支黒字国（すなわち、日本や中国など）であった。

ただし、貸し借りが生じていたという事実自体からは、その主導権が貸し手の側にあったのか、借り手の側にあったのかは分からない。むしろ借り手側（すなわち、米国）に原因があったというのが、第2の見方である。第2の見方は、世界的に緩和的な金融政策がとられていた結果として、既述のように、米国で住宅価格ブームが起こることになり、そうしたブームが世界中から資本を米国に呼ぶ込む原因になったというものである。そして、米国の資本収支の黒字幅に見合うだけの経常収支赤字が生じるように為替レート等が調整されることになったと考える。

わが国でも、２００１－06年にかけて量的緩和政策がとられるとともに、04年以降には大規模な為替介入が実施され、日本政府は1ドル＝１００円を上回る円高は絶対に阻止するという強いメッセージを発していた。そのために、為替差損のリスクをほとんど恐れることなく、金利の安い円建てで資金を調達して、ドルに転換して米国で運用するという、いわゆる円キャリー取引が大規模に行われるようになった。そして、こうした円キャリー取引に伴う円売りドル買いによって、実際にも円安がもたらされることになった。

ある種のキャリー取引は、欧州の大手銀行によっても盛んに行われていた。それは、米国内の短期金融市場から短期のドル資金を調達し、それを証券化商品等のより満期の長いリスク資産で運用するというものである。[9] 米国連邦準備制度が緩和的な政策をとっていたことから、ドルの短期金融市場金利はきわめて低位であり、こうした取引によってかなりのさやを稼ぐことができた。この種の取引に携わることによって、欧州の大手銀行は米国における影の銀行システムの一端を担うことになっていった。

輸出主導型発展路線の問題性

原因が貯蓄投資バランスという実物面にあろうが、低金利の継続と国際資本移動という金融面にあろうが、いずれにせよグローバル・インバランスの拡大は世界経済の不安定化要因となりかねないものである。

こうした観点からは、少なくない数の国々が「輸出主導型の（政府管理型の）経済発展路線」をとるようになっていることは、問題なしとはいえない[10]。後発国にとって輸出主導型の経済発展路線が有効であることは、まさにわが国の「成功」が世界に示したところである。それをみた韓国・中国をはじめとした東アジア諸国やラテンアメリカの諸国が近年は輸出主導型の経済発展路線を採用するようになり、日本とドイツは先進国化した後も依然として同路線をとってきた。

ところが、世界のすべての国が輸出主導型の経済発展路線をとることはできない。世界中の国々の経常収支（純輸出）の合計は定義的にゼロとならなければならない（もっとも、実際の統計では脱漏・誤差のせいでそうとはならない）。したがって、経常収支（純輸出）がプラスの国々が存在すれば、他方に経常収支（純輸出）がマイナスの国々が存在していなければならない。換言すると、輸出主導型の経済発展路線は、それが可能になるためには必ず相手方（カウンターパート）を必要とする。

その必要になる相手方とは、経常収支の赤字を出して、輸出する以上に財サービスを輸入してくれる国である。繰り返すと、2007−09年のグローバル金融危機の前には、米国が全世界を相手にそうした役割を果たしていた。米国が経常収支の赤字を出すことができたのは、海外から資金が調達できたからであり、その資金の貸し手は、他ならぬ輸出主導型の経済発展路線をとる経常収支黒字国（すなわち、日本や中国など）であった。

金融危機前には米国は経常収支の赤字を垂れ流していることを非難する声が日本では多かった。しかし、リーマンショックを機に、米国がいわば「最後の買い手」および「最後の借り手」として行動することを止めざるを得なくなると、日本の輸出に対する需要はあたかも「蒸発」したかのごとく減少し、日本の経済活動は著しく落ち込むことになってしまった。実は、日本は米国市場に依存していたのであり、米国を一方的に非難できる立場にはなかったのである。

輸出主導型の経済発展路線をとることによってグローバル・インバランスを作り出してきた一方の当事者側に日本も属していたことに自覚的でなければならない。米国はもう一方の当事者であるけれども、片方の当事者にだけ１００％の責任があるということには普通はならない。それゆえ、原因に関しても、既述のように２つの見方が成り立つ。

グローバル・インバランスと相似的な構造は、実は欧州の内部にも存在していた。すなわち、ドイツの輸出主導型経済発展路線を支えた相手方は、米国というよりも、実はギリシアをはじめとした南欧諸国であった（ＥＵ全体としての対米経常収支はほぼバランスしている）。南欧諸国は借り入れを行うことによって、ドイツの輸出する財サービスを購入していたのである。そうした南欧諸国の需要があったがゆえに、ドイツ経済の好調さが維持されてきた。統一通貨ユーロを導入していたがゆえに、ドイツが経常収支の黒字を出しても南欧諸国の赤字と相殺されて、通貨高になることもなかった。

南欧諸国に資金を貸し付けていたのは、ドイツなどの金融機関である。経常収支黒字国がファイナンス付きで経常収支赤字国に財サービスを売りつけるというグローバル・インバランスとまさに相似的な構造になっていた。そして、グローバル・インバランスがグローバル金融危機につながったのと同様に、この欧州版インバランス（Euro Imbalance）が今回の欧州の信用不安につながったとみることができる。

このように考えると、ドイツは自らをアリにたとえ、ギリシアをキリギリスだといって一方的に非難していられる立場にはないとみられる。むしろ、成熟した先進国になっているにもかかわらず、輸出主導型の経済発展路線から脱却できていない（それゆえ、世界に不均衡を作り出す原因となっている可能性のある）ことを、ドイツは（そして日本も）反省してみなければならない。もっとも、わが国はもはや経常収支の大幅な黒字を続ける基調ではなくなってきており、意図してか意図せざるかは別にして、実態としては既に脱却を遂げたといえるかもしれない。

公的債務の膨張

先進諸国では、押し並べて人口構成の高齢化が進行しており、そのことは社会保障関係費の増加につながることから財政収支の構造的な悪化要因となっている。そして、各種の歳出削減や国民負担増を図ることは、政治的に困難であることからしばしば回避される傾向にあり、財政赤字の持続・拡大は先進諸国に共通する傾向となっている。その中でも、わが国の財政事情の悪化は著しいものであって、公的債務残高の対GDP比は、グロスでみると群を抜いて高いもの（約240％）となっており、政府保有金融資産を控除した純額（ネット）でみてもいまやOECD諸国の中で最悪といえる水準に達している。

ただし、問題は日本だけに限定されたものではなく、近年における欧米諸国の財政赤字の拡大ぶりも顕著なものだといえる。これには、2007－09年のグローバル金融危機も関与している。すなわち、深刻な金融危機に引き続いて公的債務残高の膨張が起こるというのは、一般的に観察される傾向である。日本の財政事情の悪化にも、少子・高齢化の進行速度の速さに加えて、1990年代に先行して金融危機を経験したことが作用しているとみられる。

というのは、金融危機に対応するための銀行救済や景気対策で支出が増大する一方で景気の低迷による税収の減少が生じることに加えて、民間部門のディレバレッジ（過剰債務の圧縮）を実現するために、様々な形で債務の公的部門への付け替えが行われることになるからである。ラインハート＝ロゴフ『国家は破綻する』は、大きな金融危機の後では、平均して86％の公的債務残高の増加が生じるとしている。したがって、深刻な金融危機の後には、財政（ソブリン）危機が起こるリスクが高まることになる。

事実、２０１０年以降、欧州ではソブリン危機的な状況が南欧諸国を中心に出現することになった。ところが、日本の財政事情は、これらの危機に襲われた国々よりもある意味ではより悪化しているにもかかわらず、国債市場はきわめて平穏な状況にあり、国債の消化に特段の支障が生じているわけではない。むしろ、10年物国債の流通利回りは１％を下回る水準にあり、まだまだ日本政府は借入余力を持っているという見方も存在する。

しかし実際は、金利が低いから大丈夫ということではなく、金利が低い間は大丈夫ということであるから、問題は、こうした状況がいつまで持続可能かということである。ユーロ圏と異なり、為替リスクの存在から資本逃避は起こりにくいといえ、本格的な円安の進行が見込まれるようにならない限り、国債保有は安定的に続いていくと見込まれる。けれども、それは永久にではないと考えるべきである。

公的債務残高の対ＧＤＰ比率が発散しないかどうかに関しては、財政赤字そのものの大きさというよりも、プライマリー・バランス（基礎的財政収支）の大きさが問題となる。ここでいうプライマリー・バランスとは、歳出から公的債務に関わる利払い費を除いて考えた財政収支の大きさのことを意味している。

プライマリー・バランスが黒字であれば、利払い費以外の支出は税収等でカバーできているということになるので、財政赤字は利払い費の範囲内に収まることになる。すなわち、公的債務残高は利子率以下のスピードでしか増加しないことになる。他方、成長率というのはGDPの増加スピードのことに他ならない。したがって、このとき利子率が成長率を上回ることがなければ、公的債務残高／GDPの値は、分子の増加スピードが分母の増加スピードを上回ることがないということになって、発散はしないといえる。このことから、財政再建のためには、プライマリー・バランスの黒字化が必要条件となる。

ただし、これは十分条件ではない。とくに利子率が成長率を上回っている場合には、公的債務残高の対GDP比がすでにきわめて大きくなっていることから、プライマリー・バランスが単に黒字化しただけでは、公的債務残高の対GDP比率の発散が止まらないことが考えられる。止めるためには、かなり大幅なプライマリー・バランス黒字が求められることになる。しかし、繰り返すと、利子率が成長率以下であれば、そうした心配はいらなくなる。この意味で、利子率と成長率の大小関係については、財政の持続可能性との関連でも大きな関心事だといえる。

この点に関する第二次大戦後の経験を概括すると、金融自由化が進行する以前の1980年代までは、利子率が成長率を下回る傾向がみられたけれども、それ以後は、利子率が成長率を上回る傾向がみられるというものである。したがって、一般的には昔よりも今の方が、財政再建のハードルは厳しくなっているとみられる。

財政再建のために必要なこと

プライマリー・バランスを改善するためには、歳入の増加を図るか歳出の削減を図るか（あるいは、その両方）しかない。これまでわが国で財政赤字が続いてきたのは、ごく簡単化していえば、中福祉を実現してきたのに国民負担は低水準のままできたからである。

それでは、中福祉に対応して中負担まで国民負担の方を引き上げればよいのかというと、残念ながらもはやそれだけでは十分とはいえなくなっている。すなわち、今後の日本の人口動態からは、賦課方式を基本とする公的な社会保障制度を続ける限り、「中福祉・中負担」や「高福祉・高負担」は持続可能な組合せではない。持続可能とみられるのは、「中福祉・

高負担」か「低福祉・中負担」の組合せでしかない。

これは、きわめて政治的には「不都合な真実」である。もちろん経済成長は、こうした状況を緩和するものである。ただし、経済成長率の向上が、もっぱらインフレ率の上昇による名目的なものである場合には、それによって歳入の増加が見込まれると同時にインフレに伴う歳出の増加も不可避的に生じるので、財政収支を改善する効果は乏しい。これに対して実質経済成長率の上昇は、財政収支の改善に寄与するものだと期待できる。しかしながら、実質経済成長率の上昇のみによって、上記の「不都合な真実」の解消を図るためには、とても現実的とはいえないような高い率での成長が求められることになる。

また、公的債務残高の増大は、それ自体が経済成長率の低下につながる要因になるとの見方がある（ロゴフ仮説）。すなわち、経験的には「公的債務残高の対GDP比が90％を超えると、経済成長率が低下する」傾向があることが確認されている。[11] そのメカニズムや因果関係の向きはまだよく分かっていないけれども、かりにこうした関係があるならば、経済成長だけで財政の持続可能性を回復させようというのには無理があることになる。

したがって、やはり国民負担増というかたちでの歳入の増加を図るか、歳出の削減を図るか（あるいは、その両方）しかない。このときに、これまでの世代は低負担できたのに、将来世代にはいきなり高負担を求めるというのは、世代間の衡平性に反するように感じられる。すると、「低福祉・中負担」に公的な制度を限定する方向を目指す選択をする他にないということになる。であれば、なすべきことは、次の2点である。

➡ 社会保障制度のかなりのスリム化を行い、社会保障関係費の自然増の発生を止める。公的には「低福祉」になることによる不足分は自助で補うこととし、各世代の自立性を高める。

➡ 税制改正を行い、「中負担」となるレベル（消費税でいえば、25％前後の水準）まで増税を行う。

これらは、いずれも政治的にはきわめてタフな話ではあるが、経済的にみて問題解決の余地が残されていることは、まだ幸いだといえる。

ただし、プライマリー・バランスの改善が達成できたとしても、既述のように、すでに巨額の公的債務残高が存在している状況では、利子率が（成長率との比較で）上昇すると財政再建は実現しがたいものとなりかねない。そこで、現状では金利の上昇を人為的に抑制し、利子率が成長率を下回るという状況を確保するような政策対応が否応なしに必要になってくる可能性がある。わが国の高度経済成長期には、金利規制を通じて金利を実勢水準よりも低く抑えるという「人為的低金利政策」が実施されていたが、その現代版が求められているのかもしれない。

そうした政策は、一般的には「金融抑圧（financial repression）」政策と呼ばれている。もっとも資本移動が自由である限り、一国が金融抑圧政策を導入して金利を統制しようとしても、資本流出を引き起こすだけで、その有効性は限られる。ただし、主要な先進国が一斉に金融抑圧政策を実施すれば効果をもつ可能性はあり、世界の現状はこれに近いと考えられないこともない。

日本は、1990年代の後半以降、ゼロ金利政策（それに引き続いて量的緩和政策）をとるようになったが、米国および欧州も、2007－09年の金融危機そして欧州信用不安の顕在化以降は、類似の非伝統的金融政策を実施するようになった。このために、主要先進国の中央銀行のほぼすべてが大量に国債を購入するようになっている。こうした大量国債購入は、もちろん金融システムの安定化や景気対策のために行われているものではあるけれども、同時に国債消化を促進し、国債利回りの低下をもたらす効果をもっている。この結果、少なくとも米国では金融抑圧的な効果が生じているといえる。日本においても、今後本当にインフレ率の上昇がみられることになれば、金融抑圧的な効果が生じることになる。

なお、金融抑圧的な効果が生じている背景としては、金融政策以外にも、金融危機以後の国際的な金融規制の強化があるといえる。新たな金融規制の枠組みの下では、リスク・ウェイトが低く流動的とみなされる資産である国債を保有することは、金融機関にとって有利となっている。さらには、金融危機の勃発を受けてのリスクオフの動き（安全への逃避）があったと思われるが、これについては、時間の経過とともにリスクオンへの転換の傾向がみられるので、国債利回り上昇の要因となる可能性がある。

金融の社会的役割分担

これまで振り返ってきた金融拡大の30年の起点は、１９７０－80年代以降の実質経済成長の鈍化である。実物面での投資機会の相対的減少が、経済の「金融シフト（あるいは金融依存）」を引き起こすことになった。この実質経済成長の鈍化に関しては、最近関心を集めているゴードン・ノースウェスタン大学教授の議論[12]が参考になる。

ゴードン教授の考え方は、実は比較的単純で、基幹技術（General Purpose Technology、GPT）の発明とその社会的普及が経済成長をもたらすというものである。逆にいうと、普及が完了し、新たな基幹技術が発明されなければ、経済成長は終わる。経済成長は、永遠に続く連続的なプロセスのように思われているが、一度限りの出来事かもしれないというのである。ゴードン教授は、第1波の産業革命（ＩＲ１）、第2波の産業革命（ＩＲ２）といった言い方をしているが、ＩＲ１につながった基幹技術は、蒸気機関、綿紡績、鉄道などであり、これらは１７５０年から１８３０年の間に発明された。ＩＲ２に関わる基幹技術は、電気、内燃機関、室内配管を伴う水道技術などであり、１８７０年から１９００年の間に発明された。

基幹技術が普及し、その潜在的な意義を全面的に発揮するようになるのには（場合によっては１００年にも及ぶ）長い時間がかかる。というのは、社会全体の仕組みが、その技術を活かすものに根本的に作り替えられる必要があるからである。ＩＲ２は、１９５０－70年の間においても、経済を転換させる原動力となっていた。しかし、ついには普及のプロセスが完了し、それ以降は経済成長の鈍化がもたらされることになったというのである。

こうした実質経済成長の鈍化に直面して、金融の働きに期待されるようになったといえる。その期待に応えて、米国の金融サービス産業は幾多の金融イノベーションを成し遂げ、社会の全体としてのリスク負担キャパシティを拡大した。しかし、リスク負担キャパシティの拡大は、実物経済活動の面で活用されるのではなく、金融システム内部での追加的なリスクテイクのためにもっぱら用いられることになり、むしろキャパシティの増加分を上回るリスクテイクが行われる結果となって、ついには金融危機にまで至ってしまった[13]。

これは、金融それ自体には実物的な投資機会を作り出す働きはないからだといえる。実物的な投資機会の発見は、企業家の仕事である。その種（seeds）となる基幹技術を開発・発展させるのは、科学者や技術者の仕事である。それらの仕事を成し遂げることに伴うリスクの負担に金融の働きは活かされるべきものである。そうした社会的役割分担が十全に遂行できなかったがゆえに、金融拡大の30年間の最後の10年ほどは、「金融の肥大化」に堕してしまったのだと考えられる。

なお、この関連で第3波の産業革命（ＩＲ３）として、１９６０年頃からのコンピュータとインターネット技術（ＩＣＴ）を基幹技術とするものが考えられる。ただし、ゴードン教授はＩＲ２が最も重要だとして、これに比してＩＲ３は、経済成長に対してあまり大きな影響を及ぼすものではないと評価している。ＩＲ２によって実現された生活水準の改善に比べれば、ＩＲ３によるそれは大したことがないというのである。

しかし、既述のように、基幹技術がその潜在的な意義を全面的に発揮するようになるのには、きわめて長い時間がかかる。したがって、「現代のイノベーションのインパクトを見限るには、まだ早すぎる」[14]というべきであり、再び投資ブームが訪れる可能性は十分にある。この意味で、今後において金融が、適正な社会的役割分担の中で、その機能を発揮すべき機会は少なくないと思われる。

第 2 章

グリーンスパンの金融政策
リスクテイクへの働きかけは経済成長を促進するか

翁　邦雄（京都大学公共政策大学院教授）

グリーンスパンが金融政策で狙ったもの

この章では、金融危機に先立つグリーンスパン時代の米国の金融政策運営について検討する。2012年8月30日の日本経済新聞「経済教室」で池尾和人教授はグリーンスパン時代の金融政策について、グリーンスパンが議長に就任して以降の米国連邦準備制度の金融政策は成長促進に配慮したものであった、と述べている。

連邦準備制度は民間の経済活動に干渉するようなことをせず、自由に任せる一方で、全体としての経済が困難な状況に陥った場合には、連邦準備制度が全力を挙げて対処するという方針をとった。これは、うまくいっているときには成果はそのまま市場参加者のものになり、まずい事態になったときには連邦準備制度が尻ぬぐいをしてくれる、ということになる。こうした方針は「グリーンスパン・プット」と呼ばれるようになり、民間のリスクテイクを促進する一因となった、というのである。

池尾氏の指摘どおり、グリーンスパンの金融政策は米国における民間部門のリスクテイクを促進したようにみえる。この章では、この点についてもう少し掘り下げ、グリーンスパンが民間経済部門のリスクテイクを促し、成長を促進することを意図して金融政策を運営していたのか、その金融政策は結果として誰のリスクテイクを促進したのか、グリーンスパンの狙いと誤算はどこにあったのか、グリーンスパンの判断に誤りがあったとすればそれはどのような要因に起因するか、成長の重要な源泉である生産性上昇は米国ではどうなっているのか、などの点について検討する。

連邦準備制度理事会議長としての大きな影響力

最初に、グリーンスパンがどのような政策思想で金融政策を運営していたかを確認する。

もとより連邦準備制度は合議制の機関であり、金融政策方針を決定する連邦公開市場委員会（FOMC）の議決は多数決による。この点で、執行部である連邦準備制度理事会（FRB）の議長といえども、連邦公開市場委員会の委員としては1票を有するに過ぎない。しかし、慣例上、連邦準備制度理事会議長は連邦公開市場委員会の議長に選ばれる。グリーンスパン時代の連邦準備制度では彼は圧倒的な影響力をもち、連邦公開市場委員会の決定はつねにグリーンスパンの議長提案を追認するものとなり、反対票が投じられることすら極めてまれであった。2004年に公表されたブラインダーの研究（鈴木英明訳が2008年に出版されている）によれば1998年〜2001年の4年間で反対票が投じられたのは、11回に過ぎない。

また、グリーンスパンの見解が委員会内で少数派であった場合にもグリーンスパン提案は圧倒的多数で支持された。ブラインダーは、連邦公開市場委員会の議事録に照らし、そうした決定の例として、94年2月の連邦公開市場委員会の決定を挙げている。この会合で、過半の委員が米国における誘導目標金利であるフェデラル・ファンド・レートの0・5％の引き上げが望ましいと述べたのに対し、グリーンスパンは「0・25％の引き上げを全員一致で決定する」という方針にこだわり、最終的にその主張通りの決定になったのである。

ブラインダーは、グリーンスパンは反対票を最小限に抑えるため、利上げ幅、バイアス（将来の政策の方向についての委員会の見解）等について、妥協することもあったとしたうえで、そうではあるが委員会メンバーのグリーンスパンへの追従傾向は、グリーンスパンの神格化が進んだ在任期間後期にかけて顕著に高まった、としている。

そこで、この章では、2007年に公刊されたグリーンスパンの回顧録（山岡洋一・高遠裕子訳が同年に日本経済新聞出版社から出版されている）の邦訳版に主に拠りながら、必要に応じてグリーンスパンの議長時代の関連講演や議会証言などを参照しつつ、金融政策の運営方針、経済成長にリスクテイクが与える影響、金融規制観や財政運営についての見方、などについてのグリーンスパンの考え方を整理し、それが彼の金融政策運営にどのようにつながり、マクロ経済にどのように作用したと考えられるか、を検討する。

なお、回顧録を中心的素材として利用するのは、邦訳があり、そこで体系的にグリーンスパンの思想が開陳されているからである。むろん、その際、注意が必要なのは、この章での検討にあたって重要なのは退任後の回顧録の筆者としてのグリーンスパンの思想ではなく、連邦準備制度理事会議長として在任していたときのリアルタイムの思想である点である。本章のような目的で回顧録を参照する場合には、この点はとくに問題になる。しかし、回顧録には「本書が印刷に回る２００７年６月時点」、といった記述が何度かあり、この回顧録におけるグリーンスパンの考え方は２００７年８月に欧州で顕現化し２００８年９月のリーマンショックでピークを迎える金融危機による影響をほとんど受けていないと考えてよい。

また、回顧録の中で取り上げられているさまざまな経済問題の多くは議長時代の講演や議会証言でも取り上げられており、回顧録の内容は、ほぼかつての講演や議会証言での見解を踏襲している（本章で取り上げる重要な論点に関連するものとしては、例えば、連邦準備制度の後始末戦略については2003年12月19日の講演および2003年8月のカンザス連銀コンファランスの一般討論時の発言、リスク管理型の金融政策については2001年5月24日の講演、不動産市場のフロス（小さな泡）については2005年9月26日の講演、財政政策については、2002年9月12日の米国下院・予算委員会での証言などが回顧録と対応しているが、いずれの場合もリアルタイムの見解が回顧録でも維持されている）。したがって、議長在任中のグリーンスパンの金融政策運営の考え方を論じる際に回顧録を主要な素材として引用することは許されると考える。

以上を前置きとして、この節ではグリーンスパンの政策思想を順次みてみよう。

リスクテイク促進は経済成長を高めるのか

最初のポイントは、グリーンスパンのリスクテイクと成長の関係についての見解であるが、以下の議論の準備として2003年に出版されたラジャン＝ジンガレスの『セイヴィング・キャピタリズム』で取り上げられた金融システムとリスクテイクの関係についての議論をおさらいしておく。『セイヴィング・キャピタリズム』は、発表当時、大きな反響を呼んだ本であるが、金融システムがリスクテイクにあたえる影響を概ね以下のように説明している。

まず、英国・米国などアングロサクソン型金融システム（資本市場などを使ったアームスレングス金融）と日本・ドイツ型の金融システム（銀行による金融仲介が中心のリレーションシップ金融）を比較し、その違いを2つの仮想的出版社の営業戦略に擬える。異なる営業戦略を採る2つの仮想的出版社とは、審査が厳格で良書しか出版しない「古色堂」と、ベストセラー狙いで審査が甘い「軽率出版」である。ラジャン＝ジンガレスは、どちらの営業方針が優れているかは、原稿の質の相対的割合、良質な原稿を拒否したコスト、劣悪な原稿を出版した場合のコストの比較できまるだろう、と述べた上で日本・ドイツなどのリレーションシップ金融は「古色堂」型、英国・米国などのアングロサクソン型の金融システムは「軽率出版」型にあたる、とする。

そして、技術改良期にはリレーションシップ型のパフォーマンスが高いとした上で、90年代以降の技術飛躍期（出版社のたとえでは、なにがベストセラーになるかわからない時期）については、アングロサクソン型が優位にたつ、とする。そのうえで革命的な技術革新が、まったく新しい・収益性の高い市場を作り出す時期については、リレーションシップ型の厳格審査は、その好機をつかむことができない、とする。革命的で前例がないものは銀行の厳格審査を通りにくいからである。

これに対し、アングロサクソン型では、多数の失敗企業にも資金提供がなされるものの、革新的な企業にも多くに資金供給をすることができる。革命的な技術革新が進行する時期には、成功から生み出される莫大な価値が、失敗のコストを圧倒的に上回る。従って、ベストセラーを出すことができる軽率出版的な方法の方が技術革新に対する金融方法としてうまく機能する。

つまり、リスクテイクに寛容なアングロサクソン型の金融システムがベンチャー・キャピタルなどの資金調達を容易にし、90年代の米国の技術革新を支えた一要素、という見方を採っている。

米国経済の高揚期・金融システムの好調期にあっては、ラジャン＝ジンガレスの議論の延長線上で、リスクテイクと成長に正の相関があり、それを許容する金融システムが望ましい、とする考え方があったとしてもおかしくない。

グリーンスパンはどう考えていたか。リスクテイクと成長の関係についてグリーンスパンの見方は概ね肯定的（すなわちリスクテイクは成長につながると考える）であるといえる。しかし、その見解は慎重で決して単純に両者をむすびつけているわけではない。

すなわち、一方で、彼は物質的な豊かさ、すなわち富を生成するためには、人々はリスクをとることが必要である、と肯定的見解を示しているが、他方で、リスクをとるほど成長率が高まるとはいえない、とも述べ、無謀な賭けをしたときに最後に元をとれることは滅多にない、とする。

つまりビジネス上の判断における合理的な計算に基づくリスクテイクが必要というのが彼の主張である。その際、経済活動の自由の制限や、政府による企業の規制、成功したベンチャーに対する重い税負担は市場参加者の意欲を阻害するに違いない、とも述べている。

さらに、グリーンスパンがリスクテイクの政策的促進によって成長のカギになる生産性上昇率が大きく動かせると考えていた、とも考えにくい。実際、回顧録では、アメリカが技術で最先端に位置している限り、長期的な生産性の伸び率が年0〜3%であることを過去の実績が示している、と述べている。また、1870年以降、非農業部門の時間当たり生産高の伸び率は年平均で2%を小幅に上回っており、歴史的にみれば、技術が最先端にある経済の長期的な生産性の伸び率は3%程度が上限である、などとしており、いずれも成長率の上限を明確に意識したものとなっている。

これらの見解は、米国の生産性の歴史的推移について検討したゴードンの最近の議論（後述）に照らしても自然な理解であり、リスクテイクを慫慂することで、非農業部門の生産性が3%を超えて大きく高められる、といった展望をもっていたとは考えにくい。

したがって、もし、議長時代の彼に「金融政策や金融監督政策が、ビジネス上の合理的判断においてリスクをとりやすくする方向に作用するなら、その限りにおいてこれらの政策は成長促進的と理解してよいだろうか」と聞けば、「たぶん、そうだろう。しかし、それで飛躍的に成長率が高まる、とは期待すべきでないかもしれない」、といった抑制が利いた答えが返ってきそうである。

金融への規制・監督は金融システムを不安定化させる——市場への強い信頼

リスクテイクの成長寄与についてのグリーンスパンの見解は穏当で慎重なもののようにみえるが、他方で、金融業に規制をかけて金融市場のリスクテイクを抑制し、金融市場の安定を図ろうとする考え方に対するグリーンスパンの拒絶反応ははるかに鮮明である。このことは、回顧録では金融規制に対する明瞭な反対意見として現れている。

彼の基本的な考え方は、市場は巨大化し複雑になり、動きが早くなっているので、二十世紀型の監督や規制では対応できない、というものであり、その見解の裏付けとして、グリーンスパンが18年間にわたって、連邦準備制度による金融機関の規制・監督を取り仕切ってきた経験を挙げている（日本の場合、日本銀行は考査などの形で金融機関のモニタリングをおこなってはいるものの、監督権限をもつ当局は金融庁であり、日本銀行には監督権限はない。しかし、米国の場合、金融監督当局が複数あるが、連邦準備制度も強い規制・監督権限をもっている）。

その監督当局者としての経験に照らし、グリーンスパンは、金融システム安定のかなめは当局の規制監督ではなく、市場の中において金融機関同士の取引相手に対するモニタリングであると考えるようになる。その延長線上で、グリーンスパンは、危機を防ぐためにもっとも有効な対策は、最大限に市場の柔軟性を維持すること、つまりヘッジファンドやプライベート・エクイティ・ファンド、投資銀行など、主要な市場参加者が行動を制約されず自由に動けるようにすることである、という結論に達する。そして、こうした見えざる手に頼るのは不安定であるとの批判や、世界的な規制は大して効果がなくとも少なくとも害にならないのではないか、という意見に対しては、「規制はその性格上、市場の自由な動きを制限し、速やかに動いて市場を再均衡させる自由を制限する。この自由を損なえば、市場の均衡プロセス全体がリスクにさらされる。……中略……今日の世界で、政府の規制を増やすことがプラスになると考える理由が、わたしにはよくわからない。たとえば、ヘッジファンドの財務諸表を集めても無駄である。インクが乾くころには、データが古くなっているのだから」と反論する（回顧録下巻314ページ）。

それでは、金融監督当局はなにをすればよいのか。それに対する彼の答えは、二十世紀には理想とされた直接的な監督と規制は、取引量と複雑さを増す二十一世紀の金融市場では、無力になりつつあるのだから、業務リスクと企業や消費者の不正行為の分野についてのみ、二十世紀型の規制の原則を残すべきだ、というところにたどりつく。金融市場の安定化を図るには、金融機関のリスクテイクに制約を課さないことが重要、というグリーンスパンのリバタリアン（完全自由主義者）らしい見解が如実に現れている。

ただし、歴史的な洞察から、リスク・プレミアムが低下し過ぎ、反動がきつくなることの危険性については、的確に読み取っていた。回想録の中でも、過去20年間で特徴的だったのは、一貫したリスク・プレミアムの低下であることに言及し、彼が回顧録を校正していた2007年半ば時点でいわゆるジャンク債のスプレッド（アメリカ国債に対する利回りの上乗せ幅）は信じがたいほど、低くなっている、としている。

この間、全米の銀行の自己資本比率は、1900年時点で20%、その後1925年には、12%に下がり、最近では10%を切っている、として米銀のレバレッジ（自己資本に対する総資産の比率）が拡大していることにも注目している。

そして、歴史をみれば分かるように、リスク・プレミアムが低い状態が長引いたあとの時期は、一般に平穏ではないとして、リスク・プレミアムの行き過ぎた低下に注意を促し、現在の持続不可能な楽観論が一掃されてリスク・プレミアムが上昇すれば、少なくとも収益性資産の価格上昇率が過去数年に比べて大幅に低下するのは確実である、と反動の到来を予言している。

しかし、価格の下落ではなく価格上昇率の低下、と述べていることでも明らかなように、グリーンスパンが反動の到来にそれほど強い危機感を持っていたわけではない。その楽観的認識は、回顧録の出版時点、すなわち米国が大きな金融不均衡を抱えていることが気づかれ始めていた2007年夏時点でも踏襲され、「現在いくつかの金融不均衡が懸念されているが、いずれも、アメリカの経済活動への影響が一般に考えられているよりはるかに少なくなる形で、解決される可能性が高い」と述べている。

この見解は、（事後的にみてかなり楽観的だった）当時の一般的見解よりもさらに楽観的であった。グリーンスパンは自発的なリスクテイクを許容することによる米国金融システムの均衡回復力の強靭性について極めて高い信頼を置いていた、と言える。

バブルは崩壊するまで放置する――金融政策の後始末戦略

つぎに、グリーンスパンの金融政策思想をみてみよう。グリーンスパンの金融政策には、2つの柱がある。1つは、「後始末戦略」であり、資産価格バブルの膨張期にはバブルの抑制に動かず、資産価格バブル崩壊後、経済に対する逆風が生じた段階で思い切った緩和的な金融政策でバブル崩壊の悪影響を極力相殺する、という考え方である。後始末戦略は「連邦準備制度の見解（Fed View）」としても知られている。そして、もう1つは「リスク管理アプローチ」として知られる最悪の事態に保険をかける政策運営である。

まず、後始末戦略についてみておこう。なぜ事前対応でなく後始末なのか。グリーンスパンは、連邦準備制度が株式市場がバブルになっていると判断し、空気を抜きたい、と望んだとして、果たしてそれが可能なのか疑問だと思っていた、としている。その理由として「過去の失敗」を挙げている。

1994年はじめ、連邦公開市場委員会は利上げを開始し、1年間に3％の利上げを実施した。1993年にはおおむね上昇を続けてきた株式市場は利上げとともに横ばいに転じ、

1995年2月、利上げサイクルが終わるとともにふたたび上昇軌道に戻った。グリーンスパンは、当時、段階的な利上げによって膨らんできたバブルの空気を抜いていくようにすべきと主張する意見もあったが、金融引締めによって好景気と企業利益の伸びを完全に終わらせない限り、段階的な利上げでは景気の力は強いとの見方が強まるだけになり、逆効果だと確信した。

そして、グリーンスパンは連邦準備制度にとって最善の方法は、財とサービスの物価を安定させるという中心的な目標に徹することだ、という結論に達する。この任務をうまく果たしていれば、株価が暴落した際に経済に与える打撃を最小限に止めるために必要な力と柔軟性を確保できる。株式市場が大幅に下落した場合には、もっと積極的な姿勢をとって政策金利を引き下げ、市中に流動性を一気に供給して経済への悪影響を和らげる「後始末戦略」を採ると決意した、というのである。

1996年に株式市場の「根拠なき熱狂」に警告を発したグリーンスパンが、1999年に議会で物価安定に専念する後始末戦略の考え方を示したことは、驚きを持って受け止められたようである。しかし、議会証言でグリーンスパンは、株価が上昇しすぎているのではないかと懸念していることに変わりはないが、連邦準備制度が「十分な情報を持った数十万の投資家」より優れた判断が出来るとは考えない。そして、暴落が起こった場合に経済を守る任務に専念する。「バブルの破裂が穏やかなものになることはめったにないが、経済全体に壊滅的な打撃を与えるとは限らない」と述べている。

回顧録で、グリーンスパンは、後始末戦略の妥当性は連邦公開市場委員会の一致した見解だった、と明言している。その意味で、この見解を「連邦準備制度の見解」と呼ぶのは自然だろう。他方、後始末戦略の論拠となっているグリーンスパンの経験が株式市場に限定されていること（信用システムと複雑に絡み合う不動産市場のバブルについても同じ議論があてはまるとは思えない）、1993年の株価上昇がバブルとよぶべきものか明確でないこと（株価が企業の収益性の高まりなどファンダメンタルズに対応するものであれば、金融引締め期には株価が足踏みし、緩和すれば再び上昇するのはむしろ自然だろう）、など、その経験の一般性については議論の余地が大きいようにみえる。

小さな確率の大きなリスクに備える――リスク管理アプローチ

次にグリーンスパンの金融政策のもうひとつの柱である「リスク管理アプローチ」について検討しよう。グリーンスパンはこのアプローチについて、ロシア危機の際の対応を例に引きながら、以下のように説明している。

当時、連邦準備制度は、「全力を尽くして最善の予想を導き出しその予想に対応するために全てをかける」のではなく、実現の可能性があるシナリオを幾つかつくり、それに基づいて政策をきめるようにした、とし、ロシアが債務不履行に陥ったとき、連邦準備制度の計量モデルでは、ロシア問題に対応した政策行動を連邦準備制度が採らない場合にも、アメリカ経済は健全なペースで成長を続ける可能性が高い、との結果がでていた。しかし、それでも連邦準備制度は政策金利を引き下げる道を選んだ、と説明している。

その理由は、ロシアの債務不履行によって世界の金融市場が混乱し、アメリカも深刻な影響を受けるリスクは、確率は低いものの確実にある、と判断したことによる。そして、グリーンスパンは、これは連邦準備制度にとって新しい種類の問題であった、とする。アメリカが深刻な影響を受けるシナリオが実現する確率はかなり低いが、万一実現した場合には、経済の安定性が大きく損なわれる結果になりかねず、それは金融緩和によって起こりうるインフレ率の上昇よりも経済の繁栄に大きな脅威になる、と考えたのである。

このグリーンスパン流のリスク管理アプローチは、ジョン・テイラーなどが強く主張してきたルール・ベースの政策運営とは鋭く対立する。ルール・ベースの政策とは、テイラー・ルールなどの政策運営ルールに強くコミットした、予見可能性の高い政策運営であり、そうすることで金融政策の透明性を高め、市場の予想を安定化させようとする考え方である。

先鋭な対立が生じるのは、確率は低いが発生すると甚大な経済的コストを伴うリスクに保険をかける、というリスク管理型の政策運営は、リスクの大きさに応じて、しばしば政策金利をテイラー・ルールなどが示唆する「適正金利」から裁量的・かつ大幅に逸脱させることになるからである。

それゆえテイラーが金融危機後、連邦準備制度への批判を強めたのは当然であったろう。例えば2012年に公刊された彼の著作は連邦準備制度の金融政策が裁量性を強めていることに強い危機感を表明している。

デフレはバブルより怖い——バブル覚悟の低金利政策

とくに、議論になるのは、このリスク管理アプローチが、2003年にデフレのリスクを重視し、あえてバブルが発生するリスクをテイクする、という政策をグリーンスパンに意図的に採らせる結果になった点である。この時期、連邦準備制度の誘導目標金利であるフェデラル・ファンド・レートはテイラー・ルールが示す適正金利から乖離して低下していく。

グリーンスパン自身も回顧録で、2003年6月後半に連邦準備制度は政策金利を引き下げて1%にしたが、経済の状況にもとづくなら、一層の利下げはおそらく不要だろう、というのが公開市場委員会メンバーの一致した見解だった、と述べている。株式市場は息を吹き返していたし、この年の後半にはGDP成長率がそれまでよりかなり高くなるとみられていた。しかし、グリーンスパンはそれでもリスクを比較検討した結果、利下げを実施する。なぜか。グリーンスパンは次のように説明している。

デフレという悪性の病にかかる可能性を完全になくしておきたかった。そのためには利下げによってバブルが発生するリスク、ある種のインフレ型ブームになって、後に抑え込まなければならなくなるリスクをとることもいとわないと考えた（回顧録上巻３３３ページ）。

このように、当時のグリーンスパンは保険的な利下げがバブル発生につながるリスクを明確に認識していた。しかし、デフレのリスクに比べれば、バブル発生を相対的に小さなリスクと捉えていた。その限りでは、グリーンスパンは後始末戦略がうまく機能する可能性に期待を寄せ、「リスク管理型の緩和政策」に踏み込んでいった、と言える。

しかし、グリーンスパンは金融政策の有効性ないし後始末戦略に絶対の自信を持っていたわけではない。そもそも、彼は、金融危機以前のグレートモデレーションは金融政策の成功によるもの、という通説にはかなり懐疑的であり、むしろ、世界経済へのデフレ圧力と金利低下圧力には強い恐怖感を感じていたようにみえる。そのことが、デフレリスクとバブルのリスクを比較した際、デフレ回避により大きな重点を置くことにつながった、とみられる。デフレリスクへの恐怖は、回顧録の以下の記述からも明らかだろう。

多くのエコノミストは、過去十年にわたって、世界的にインフレが抑制されてきた主要な要因が、中央銀行の金融政策にあると認めている。そうであればいい、とわたしも思う。……中略……だが、政策発動や、インフレと戦う中央銀行という信認が過去十年から二十年の長期金利の低下に主導的な役割を果したとする見方は、大いに疑問である。長期金利の低下（そして謎）は金融政策以外の要因で説明できる。……中略……実質長期金利の低下圧力は世界に広がっていったが、われわれがそれに対抗する資源をもっていたのか疑問に思う。日本は、あきらかに対抗できなかった（回顧録下巻１８４ページ）。

90年代の日本の経験が煽った恐怖感

この時期、金融政策と財政政策を総動員しても、デフレから抜け出せない日本の経験が、グリーンスパンに大きな恐怖を与えたことも間違いない。２００３年の心境についてグリーンスパンは以下のように述べている。

デフレに陥りそうな状況になったとしても、印刷機をまわしてデフレの悪循環を防ぐのに必要なだけの紙幣を供給すれば、問題は解決する。そうわたしは考えていた。だが、この確信は揺らいでいた。この時期、日本はいってみれば、通貨供給の蛇口を全開にしている。短期金利をゼロにまで引き下げている。財政政策を思い切り緩和し、巨額の財政赤字をだしている。それでも物価は下がりつづけていた。日本はデフレの軛《くびき》から抜け出せないようであり、一九三〇年代以降にはなかったデフレの悪循環に陥っているのではないかと恐れているはずだと思えた（回顧録上巻332〜333ページ）。

しかし、1990年代の日本経済をデフレ圧力と低成長に引きずり込んでいったのはバブルの崩壊であり、デフレはバブル崩壊の結果であった。しかし、デフレを恐れたグリーンスパンはその原因になりうるバブルの発生に目をつぶる政策に踏み込む。そして、バブルが発生するリスクをいとわない政策のもとで、実際に住宅価格は高騰した。

しかし、グリーンスパンは、2005年の講演で、それは、局地的な小さな泡（フロス）に過ぎず、バブルに似ているがごく小さく、地域的なものなので、経済全体の健全性を損なう規模にはなりえない、との認識を示し、回顧録でもその認識を踏襲している。この点、市場の判断と規律を信頼しすぎていたために、彼はバブルの規模についても過度に楽観的だった、と言えるだろう。

財政赤字への強い懸念

グリーンスパンの長い在任期間中、米国の財政ポジションは大きく変化した。まず、財政赤字克服への努力、次に、巨額の財政黒字により米国政府の国債発行が不要になる可能性が現実味を帯び、その場合に連邦準備制度が公開市場操作で購入すべき資産を検討していた時期、そして再び大幅な財政赤字に直面する。この間、財政問題についてのグリーンスパンの発言は、しばしば政治的に解釈され、さまざまな議論を引き起こしてきた。

回顧録の中にも、財政政策についての議論は極めて多く展開されているが、基本的なポジションは均衡財政論者であり、財政ルールにより政治的な逸脱を予防することを支持する立場、とみてよいと思われる。それが明確に出ている箇所として、2002年9月の議会証言の回顧を挙げることができる。そこで、彼は、予算執行規則が期限切れを迎えようとしていることに懸念を示し、この規則を維持しないのは、深刻な間違いになる、とし、明確な方向と建設的な目標がなければ、政治にもともと備わっている財政赤字を好む傾向が、再び、深く定着することになろう、と強い警告を発している。

なお、回顧録では言及していないが、この議会証言でグリーンスパンは、ベビーブーマー世代が引退するなどの人口動態上の大きな変化が経済に与える影響への危機感を示し、「大きな人口動態上の圧力に鑑みれば、われわれは退職者プログラムをどのように改革することで予算収支のギャップをなくすかの決定を始める必要がある」とも述べている。

その意味で、米国がいずれ財政問題に直面することは、的確に理解していたと言えよう。

以上、グリーンスパンの回顧録を中心的な材料としてグリーンスパンの政策思想を検証してきた。その結論を簡単にまとめておこう。

まず、グリーンスパンの金融政策運営はリスクテイクの積極化を慫慂することにつながったが、これにより意識的に成長の促進をはかった、とまではいえない。

しかし、グリーンスパンは合理性のあるリスクテイクが成長につながる、という認識はもっていた。同時に、金融機関行動を規制で縛らず、自由なリスクテイクを可能にすることが金融システムの安定性を高める最良の道、とも考えていた。このことは、金融危機後の展開に照らすと、過度に楽観的であり、金融政策の効果波及経路におけるリスク・テイキング・チャネル（後述）を見落としていたことも指摘できる。

また、バブルの放置を意味する後始末戦略については、必ずしも景気安定化政策として金融政策が万能であることを確信していたわけではなく、世界的なディスインフレ圧力を体感していたこと、デフレから抜け出せない日本の経験をまのあたりにしていたこと、から、デフレへ金融政策で立ち向かうよりは、バブル発生のリスクを冒してもデフレ予防が重要と考えていた。その際、資産価格バブルにおける懸念はおもに株価にあり、金融システムに大きな影響を与えうる不動産価格の大きな変動についてはそれほど懸念していなかった。

さらに、財政赤字の拡大にはその背後で財政規律が失われつつあったこと、人口動態の変化が不可避であることから深く憂慮し、財政ルールの尊重を望んでいた、と整理できよう。

市場にリスクをため込んだグレートモデレーション

それでは、グリーンスパンの金融政策は、米国の金融、および実体経済にどのような影響を与えただろうか。グリーンスパンによる金融政策の枠組みの大きな特色であったリスク管理型金融政策と後始末戦略の組み合わせは、デフレーション防止のために保険をかける低金利政策という側面とバブル崩壊時には大胆な金融緩和を予告することで市場参加者に連邦準備制度による資産価格下支え（グリーンスパン・プット）を織り込ませ、リスクをとらせやすくする、という側面を持つ。こうした金融政策が金融市場および実体経済活動にどのような影響を持ちうるかをみよう。

前述のように、グリーンスパンは経済主体がビジネス上の判断における合理的な計算に基づくリスクテイクが成長につながり、また、金融システムの安定にもつながる、と判断していたと考えられる。ここでの問題は、中央銀行のマクロ経済安定への取り組み姿勢によって、投資家のリスクに対する受容性が変化していくことであり、その長期的帰結をどうみるか、という点である。

歴史的にみてグレートモデレーション期のようにマクロ経済の安定が続けば投資家は、リスクテイクにより前向きになるため、リスク・プレミアムは過度に低下し、どこかで反動が来る。これは、グリーンスパンの歴史的洞察でもある。彼自身が指摘していたように、米国で、金融危機前の20年間で特徴的だったのは、一貫したリスク・プレミアムの低下である。その理由が「投資家が、リスクが軽減された」と考えたにせよ、「運用利回りの向上を求めて高利回りの債券を購入した」にせよ、さまざまなところで、「金融の不均衡」が拡大し、将来における金融システム不安定化のリスクを溜め込んでいた可能性がある。

これは危険な兆候であり、グリーンスパンが指摘していたように、「歴史をみれば分かるように、リスク・プレミアムが低い状態が長引いたあとの時期は、一般に平穏ではない」。そのときは、中央銀行が後始末し、バブル崩壊の被害を最低限に抑えよう、と考えるのは当然である。

ちなみに、グリーンスパンは連邦準備制度理事会議長に就任してから日の浅い1987年10月19日に米国経済史において最大の株価暴落となったブラック・マンデーに遭遇している。その際、彼は、さまざまな人たちと電話で連絡をとりあい、大手金融機関の経営幹部達が、恐怖で声が震えて、奈落の底をみて、竦んでいたこと、「落ち着け、暴落は抑えられる」とグリーンスパンが言い続けたことを回顧している。

ブラック・マンデーは一過性のショックではあったが、株価急落により金融システムは危機的状況になった。グリーンスパンは市場が崩壊に直面しているときに中央銀行が市場心理を安定化させるためにアナウンスメントやステートメントを発出し、流動性を供給することの重要性を強く認識しただろう。

金融政策はどういう経路でリスクテイクを促進したのか

しかし、連邦準備制度がそうした事後的な危機対応を先取りして「中央銀行はバブルかどうかは判断できないから事前の介入は差し控えるが、もしバブルであって、それが崩壊したときには大胆に金融緩和することでその被害を最低限に抑える」という決意を繰り返し公言すると、事前的な投資家の「リスクの取り方」に明らかに大きな影響を与える。これを金融政策のリスク・テイキング・チャネルとよぶ。

後始末戦略を公言することは、バブルの膨張期にはバブルの存在を問題にせず（利益は投資家のもの)、バブルが崩壊したら大胆に金融緩和を行う（市場が危うくなれば、中央銀行が介入して損を抑える）ことを投資家の判断に「刷り込む」ことを意味する。後始末戦略のもとでは、投資家・金融機関のリスクは限定的になると予想されるから、投資家・金融機関は積極的にリスクテイクにはしり、そのことは米国のユーフォリア（熱狂）状態を加速させた可能性があるからである。

この間、金融機関の行動を規制によって抑制せず、自由を担保することこそが、すみやかな均衡回復に寄与し、金融システムの安定性を高める、というグリーンスパンの規制思想は、金融機関がレバレッジをどんどん上昇させ、リスクテイクを拡大させていくことを傍観することにつながった。

また、後始末戦略の特色は資産価格の上昇がバブルかどうかの判断を留保する点にある。資産価格上昇は、多くの場合、将来予想される生産性上昇を反映している。予想される生産性上昇は、きわめて楽観的にみえても的確な判断であることもあれば、ユーフォリア的に行き過ぎている場合もある。ユーフォリア的に行き過ぎていた場合、それをもとに形成された資産価格は、将来、ユーフォリアの崩壊とともに、急落することで大きな弊害を経済にもたらす。

後始末戦略がこうした可能性を孕む資産価格変動に対しても静観し、あくまで物価安定を基本とするのは、中央銀行が市場の楽観を覆すだけの叡智を持つと考えて行動するのはリスクが大きい、という（ある意味で謙虚な）判断によると考えられる。

しかし、現実に起きていることが、市場の過度に楽観的な期待により資産価格がバブル的に上昇している場合に、グリーンスパンが述べているように物価安定に専念すると何が起こるのだろうか。

この点については、以前、別の場で触れたことがあるが（翁（２０１１））、クリスティアーノらが２００８年に興味深い議論を展開している。

彼らは、物価・賃金の硬直性が存在する経済で、将来の生産性向上を過信して期待が形成された場合、インフレ目標政策が資産価格の変動を増幅する可能性を指摘している。なぜか。まず、企業は、将来は生産性が改善されると期待されると、値上げの機会があっても、いずれは費用が低下することを予想して値上げに消極的になり、足許のインフレ率を低下させる。このとき、インフレ目標的な政策を導入している中央銀行はデフレリスクを懸念して

（あるいはインフレ懸念が緩和されたことにより）政策金利を引き下げるだろう。実際、グリーンスパンはインフレ率の低下にはきわめてナーバスであった。

この金利引き下げのため、資産価格はそうでない場合よりも上昇する。しかし、楽観的な期待が修正された段階では、資産価格は下落する。金融政策がインフレ率の低下を相殺するように金融緩和に動いた分、資産価格の下落は大きくなる。こうしたメカニズムでインフレ目標的な政策は資産価格変動を増幅する。

ちなみに、クリスティアーノは、2010年のジャクソンホール・コンファランスでも、この論文の延長線上の研究結果を発表しているが、そのなかでバブル生成期の日本銀行の金融政策に言及している。すなわち、ユーフォリア状態にあった80年代後半の日本では資産価格の上昇とデフレ的な一般物価の共存が観察されていたが、もし、当時、日本で、将来の物価が下がるような技術革新が予想されていたとすれば、資産価格の上昇と物価の低下の共存が理論的に説明できる。

クリスティアーノは「経済がユーフォリア（熱狂）に浸っているときには、物価だけにフォーカスする金融政策が経済をかえって不安定化する」という例として日本の経験を用いており、80年代後半の日本銀行の金融政策が、かりにテイラー・ルールなどよりも多少は引締め的なものであったとしても、資産価格への影響を考えれば、なお緩和的に過ぎた可能性がある、と推測している。

クリスティアーノの推測が正しいとすれば、グリーンスパンの考えたリスク管理型金融政策＝デフレリスクに保険をかける低金利政策は、経済の需給ギャップすなわち景気情勢と物価動向（現実のインフレ率と目標インフレ率のズレ）に機械的に反応する標準的なテイラー・ルール型の金融政策よりも大幅に金利を下げる方向に作用させている分、資産価格の上昇と下落を増幅し金融システムの不安定性を加速させた可能性がある。

さらにこれにグリーンスパンも覚悟していた副作用が加わる。すなわち、こうした資産価格変動の増幅は、金利の直接的変動に加え、低金利局面でのリスクテイク意欲の高まり＝リスク・プレミアムの低下と金利上昇局面での反動（リスクテイク意欲の減退＝リスク・プレミアムの急激な上昇）など投資家のリスクテイク意欲の変化によりさらに増幅されるだろう。

金融セクターに偏ったリスクテイク促進効果

デフレに保険をかける政策のもとで米国経済は低金利が実現したが、こうした政策は企業セクター、金融セクターの「合理的なリスクテイク」にどのような影響を与えただろうか。

この点については企業と金融投資家それぞれの名目契約やインセンティブ構造が異なり、金融政策のリスク・テイキング・チャネルは、それぞれのセクターに対して異なったかたちで作用した可能性がある。この仮説は、日本銀行の木村武氏の示唆によるものだが、木村仮説に基づくストーリーは次のようなものである。

まず、金融セクターにおける投資家は、実質の利回りではなく、名目の利回りを追求している。生保の運用計画でも、ヘッジファンド間の契約でも、投資運用契約を名目の利回りで約束している。グレートモデレーション期においては、低インフレが定着し、実質の利益率がそこそこ上がっていたが、金融セクターのプレイヤー（ファンドマネージャー等）にとって肝心の名目の利回りが低下したのでは契約を守れない。

また、ヘッジファンド間の顧客獲得競争を考えても、インフレ率の低下による実質リターーンの増加は、全てのファンドに共通に作用するので、顧客に対する宣伝材料にはならない。つまりファンドマネージャーが多くの顧客（資金）を獲得するには、他のファンドよりも名目リターンを上げる必要がある。

さらに、ヘッジファンドの報酬契約は、運用パフォーマンスに左右されるため、よりリスクの高い資産運用にシフトし（「リスク・シフティング」）、名目利回りを改善させないと、自分の報酬の増加が図れない。こうして、低金利政策は、名目契約の硬直性、あるいは、名目報酬のインセンティブを経由して、金融セクターのリスクテイクを後押しする。

他方で、低金利による割引率の低下が年金債務の拡大につながると、企業は追加拠出を迫られ、実物投資を抑制するようになる。企業部門には、年金資産のポートフォリオにおいてリスク資産のウェイトを増やし一発逆転を狙う「リスク・シフティング」のオプションと、長期の債券投資を増やし、これ以上の年金債務問題の悪化を食い止めるようにする「リスク・マネージメント」というオプションがあり、年金債務を抱える企業に対して、全く逆の影響を与える可能性がある。この点について、ラウの実証研究ではリスク・マネージメントを選択する企業の方が多い、との結論になっている。

木村仮説は、低金利が金融的なリスクテイクを刺激する一方で、実物部門のリスクテイクはさほど高めなかったのではないか、というものであり、この仮説が正しければ、低金利のリスクテイク刺激は成長促進的ではなかったことになる。

以上、グリーンスパン時代の金融政策がリスクテイクに与えた影響についてのこの節の議論をまとめておこう。グリーンスパン時代の低金利政策が企業部門のリスクテイク助長を通じて実物投資を刺激したとの明確な証拠はみられない。むしろ、年金債務の拡大は、企業のリスクテイクを抑制した可能性がある。グリーンスパンの金融政策が長期的な視点からみて、成長促進策の観点からは十分な成果が上がったという十分な証拠はとりあえず見当たらない。

他方、グリーンスパン時代の金融政策が家計部門の住宅投資とそのファイナンスを容易にする証券化商品、そしてそれを購入する金融機関のリスクテイク（リスク・シフティング）は後押しした要素は明確に認められる。このことは、市場の均衡回復力を重視し、金融機関のリスクテイクに寛容な金融監督政策とあいまって金融危機を大きくする方向に左右した、と言えるだろう。

米国の生産性動向をどうみるか——グリーンスパン時代と今後の展望

最後に、歴史的にみて米国の生産性動向、とりわけグリーンスパン時代の生産性の動向はどのようなものであったか、そして今後はどうなるのか、という点について、ロバート・ゴードンが発表した米国の潜在成長率の超長期動向を検討した論文に即してみてみよう。

ゴードンの分析では、３つの産業革命、すなわち１７５０年から１８３０年までの「第１波の産業革命（蒸気機関、鉄道）」、１８７０年から１９００年の「第２波の産業革命（電気、内燃機関、上下水道と室内のトイレ、通信、エンターテインメント、化学、石油化学）」、１９６０年以降、現在までの「第３波の産業革命（コンピューター、インターネット、携帯電話）」を比較し、第２波の産業革命（電気、内燃機関、上下水道と室内のトイレ、通信、エンターテインメント、化学、石油化学）」が他の２つよりも重要であり、１８９１年から１９７２年の高成長の原動力であった、としている。

そして、第２波の派生的イノベーションの効果がほぼ出尽くした１９７２年から96年にかけては成長率が低下したあと、１９９６年から２００４年にかけて第３波の影響で一時、持

図表2-1　米国における労働生産性の平均成長率：1891-2012

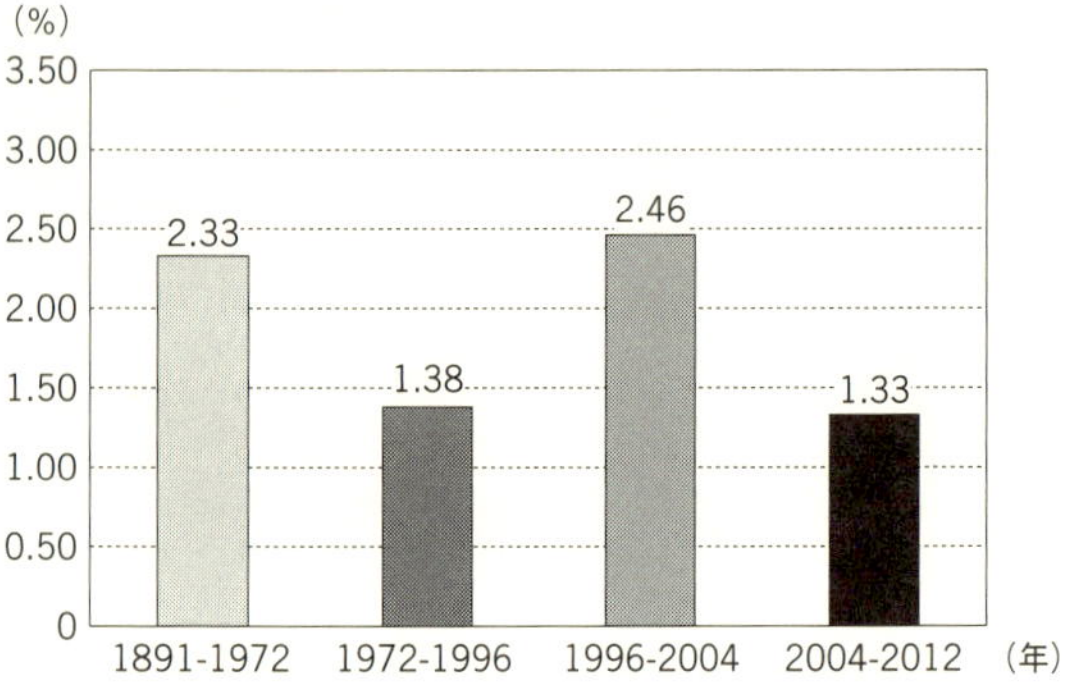

（出典）Gordon（2012）

ち直しが見られたが、その効果は短命であった、とする（図表２－１）。

そして、グリーンスパンの時代に対応する１９９６年から２００４年の時期について、第３波による生産性の向上は、２００４年までには薄れてしまったこと、その後の８年間（２００４年から２０１２年）については、労働生産性上昇率は１９７２年から96年の時期のレベルにまで戻ってしまったこと（年率約１・３％）を指摘したうえで、２０１０年から２０１２年はさらに年率０・５％まで減速している、としている。

また、第３波におけるイノベーションの性質は、コンピューター時代が到来した当初は、コンピューターが人間の労働を代替するものであった、とし、その後も製造業におけるロボットの利用は拡大し続けているし、飛行機へのチェックイン手続きなども係員による対応から電子化されているものの、カタログ販売に代わるより利便性の高い電子コマースの普及も２００２年までには一巡するなど、大局的には、労働代替の局面は終了し、過去10年は労働節約からエンターテインメント、通信など既存の機能をより小型でより利便性の高いものに代替することに焦点が置かれている（ｉＰｏｄがＣＤウォークマンに取って代わり、携帯電話がスマートフォンに代わるなど）、との理解を示している。そして、これらの技術革新は労働代替的というより新たな消費機会を提供するにとどまっている、としている。

ちなみに、ゴードンは米国の今後の技術革新動向には、悲観的な予測を立て、その理由として米国経済が直面する６つの逆風を挙げて、どの程度成長率を引き下げるかの数値的なイメージを示している（図表２－２）。ここで上位１％を除外しているのは所得配分上の上位１％を除いたほうが米国民にとっての経済厚生が測れる、というゴードンの判断による。

ゴードンは経済成長の大幅な減速は避けがたいと予測しているが、減速をもたらす要因（人口動態、教育、経済格差、グローバリゼーション、エネルギーの制約、過剰債務）の多くは

図表2-2　所得上位1%を除いた米国民の1人当たり実質成長率実績（1987-2007年）から成長阻害要因による影響を差し引いた将来の成長率予測

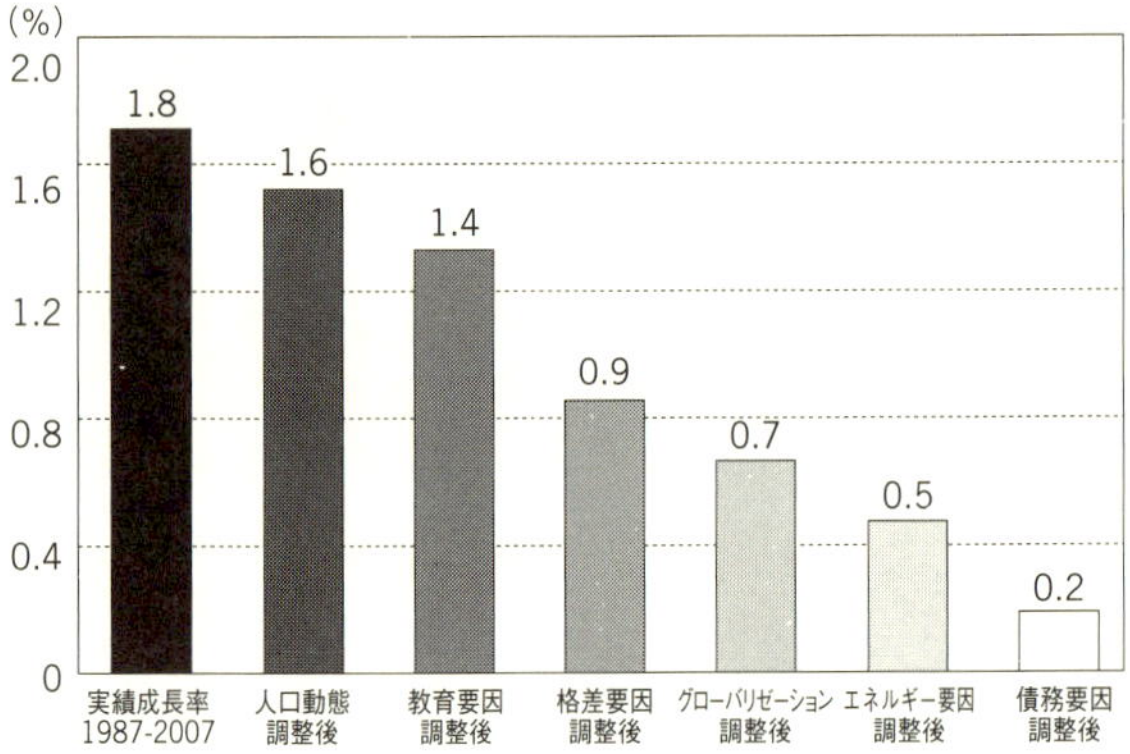

（出典）Gordon（2012）

金融緩和では緩和できないもののようにみえる。

ただし、ゴードンの悲観的な見解には、懐疑的な見方も出てきている。例えば、ポール・クルーグマンは、２０１２年末、一連の論考でゴードンの第３波の技術革新――ＩＴ革命――はエンターテインメントが中心で、ファンダメンタルなインパクトを与えるものではない、という見解に対し、ＩＴ革命のインパクトは始まったばかりだ、と述べている。

クルーグマンがこうした議論を考えるきっかけになったのは、ゴードンも言及しているロボット分野への応用である。

その背景には低賃金をめざして海外に出ていた米国製造業が労働者を工業用ロボットに代替することにより、米国内へ回帰を始めている、という観察があり、さらには米国における労働分配率の低下をどう解釈するか、という議論がある。クルーグマンは、これらの点からこの問題を考察しているが、この章の文脈では、以下のような指摘が重要になるだろう。

まず、クルーグマンは、現時点では、人間を完全に代替するようなロボットの出現への道筋がついているわけではないものの、ビッグデータの利用によって、わずか数年前までは考えられなかったような形で機械が人間の機能を部分的に代替しつつあることを指摘している。その具体例として、クルーグマンは、第3波の技術革新の拡がりの結果としてこれまでにはなかったデータ・インテンシブなやり方で機械による音声認識技術が飛躍的に向上しつつあることを挙げ、同じように、従来は人間の高度な判断に頼らざるを得ない、と考えられていた領域がどんどん機械に代替されていく形で第3波の技術革新が、生産性を飛躍的に向上させる可能性を展望している。

まとめとして、何が言えるだろうか。まず、金融には技術革新の種を生み出すことはできず、技術革新の種が枯渇しているときに、金融的なリスクテイクが経済成長の主役になることはできない。グリーンスパン時代に対応する１９９６－２００４年には米国の労働生産性は高まっているが、原動力は金融政策ではなく第３波の技術革新の影響と考えるのが自然であろう。

その意味で、今後の経済成長を考える上では、第３波の技術革新がさらに多くの果実を結ぶのか、という点が重要になる。この点で、ゴードンの悲観的展望とクルーグマンの楽観論のいずれが正しいかは現時点ではわからない。技術革新が生産性に与えるインパクトの大きさは、時間を追って明確になり、米国経済のみならず世界経済に深甚な影響を与えるだろう。金融は技術革新が果実を結ぶよう支援することで引き続き重要な役割をはたす。しかし、グリーンスパン時代に起こった経験に照らし、それは経済の牽引役というより、あくまで補佐役であるべきことを認識すべきだろう。

第 3 章

世界的バランスシート調整がもたらす「日本化現象」

アベノミクスで脱「日本化」は可能か

高田　創（みずほ総合研究所常務執行役員調査本部長）

信用拡大とその反動、バランスシート調整は「人類の性《さが》」

人類には幾つもの欲望があるが、信用活動、レバレッジ拡大もその一つであり、その活用が金融活動を通じた経済の拡大を実現した。ただし、人類が有する欲望は人類の存続と発展をもたらしてきたが、その反面で、常に欲望の引き起こす、「行き過ぎ」を繰り返したのも人類の歴史であった。その結果、人類は信用活動を抑制する様々な仕組みを「生活の知恵」として作り上げてきた。その一環として、宗教においてイスラム教では利子をとらないことや、金本位制として流通するマネーの量を抑制し、預金を集める銀行に厳しい規制をかけるなどの対応を行なってきた。

過去四半世紀、日本は1990年を挟んだバブル経済とその崩壊に伴うバランスシート調整を体験し、一方、欧米も2007年を挟んで同様のバランスシート調整が生じた。2000年代後半以降、「100年に1度の危機」とされる金融変動が毎年のように繰り返されたのは、1930年代の大恐慌以降、初めて日米欧が同時にバランスシート調整に陥ったことによるものと考えられる。2013年は漸く、そうした調整からの出口の第一歩を踏

図表3-1　1970年代以降の3つの新たな潮流

①地理的フロンティア拡大による期待のレバレッジ拡大
②金融自由化に伴う金融レバレッジ拡大
③米国の経常収支赤字拡大によるレバレッジ拡大

（資料）みずほ総合研究所

み出す局面になったが、「人間の性《さが》」として繰り返す信用拡張とその反動を、その最も大きい教訓を背負ったフロントランナーである日本の状況を中心にここで改めてレビューすることは大きな意義がある。

１９７０年代以降に生じた金融市場の転換を、筆者は上の図表３－１の３分野でのフロンティア拡大による大潮流として考えてきた。同時に、こうしたフロンティア拡大の潮流のなかで、自らが持っている以上に資金を活用する信用活動の拡大、すなわち金融レバレッジ拡大（てこの原理の活用）が実現し、世界経済の拡大、金融の時代が実現した。それは、１９７０年代の金融活動の中心は西側の先進国とされた日米欧の一部の国々が中心だった状況が、１９８９年のベルリンの壁の崩壊以降、従来の東側諸国の市場への参入、さらに新興国も加わる、地理的フロンティア拡大が生じた。一方、金融自由化で銀行以外の金融機関へ資金が流れる「ディスインターミディエーション」が生じ、金融レバレッジを拡大させた。さらに、米国が基軸通貨国として経常収支の赤字を拡大させるなかで世界市場にドルが半ば際限なく出回る状況が一層の信用拡大を実現した。更に欧州統合におけるユーフォリアと域内不均衡の拡大が欧州での信用拡大を加速した。

以上の3つの潮流をベースにした1970年代以降の潮流とは、グローバルなバランスシート調整が生じた20世紀初の大恐慌と第二次世界大戦の反省に立った制度の変容過程であった。それは、結果として過度に信用バブルを拡大させる局面であった。それまで、人類の生活の知恵とした信用活動を抑制する知恵、掟を敢えて解き放つものだった。すなわち、「掟」を解き放つことが「金融革新」とされた時代を意味した。その信用活動の結果、資産価格が上昇し、バランスシート（B／S）の両面が拡大する潮流が2000年代後半まで世界的レベルで生じた。日本では1980年代のバブル経済の反動が90年以降、バブル崩壊としてバランスシート調整が生じ、今日もその影響を引きずる状況にある。一方、欧米も2007年以降、バランスシート調整が生じている。次でバランスシート調整とその道筋を具体的に考えてみよう。

図表3-2　バランスシート調整の概念図

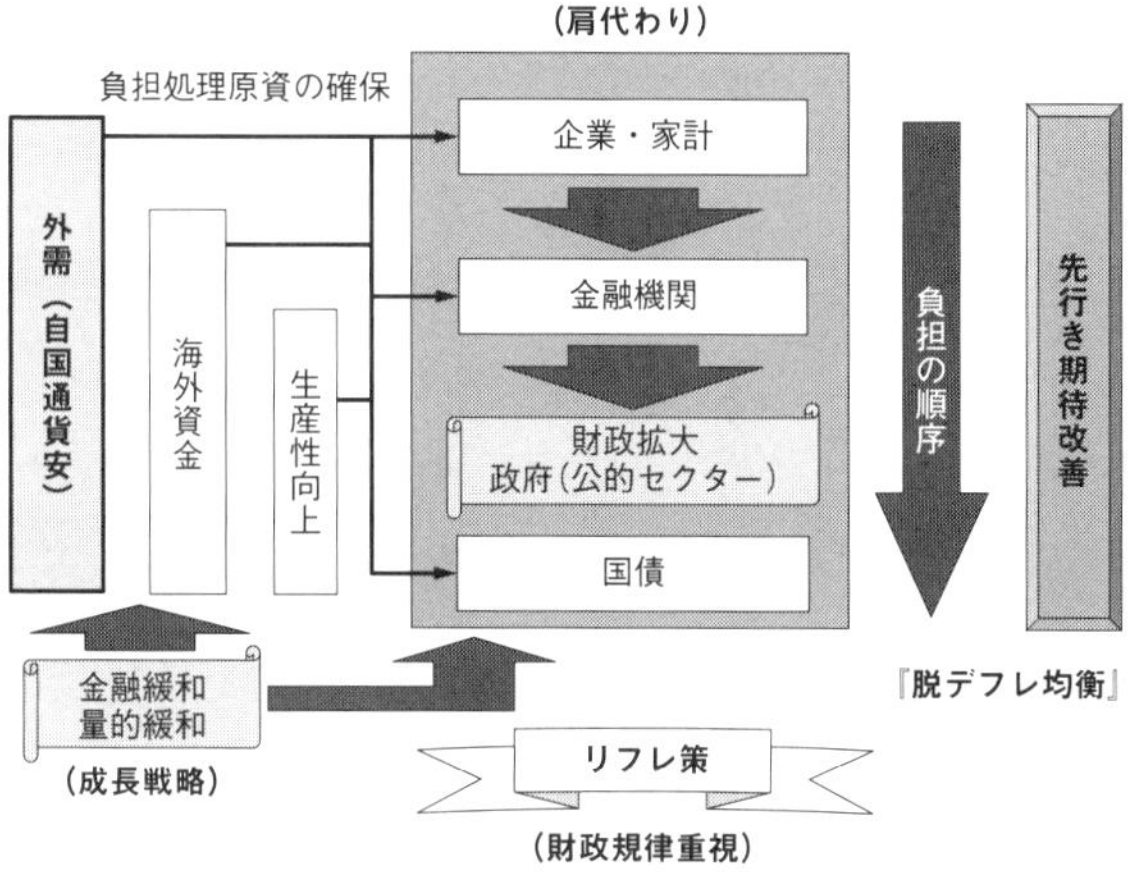

（資料）みずほ総合研究所

バランスシート調整の段階的プロセスの3原則

バランスシート調整とは信用拡張の結果、バランスシートが資産・負債両面で両建てで拡大するが、バブル崩壊に伴い、資産価値は大幅に縮小するなか、負債は残存することで生じる、過剰債務問題・過少資本問題である。その後、信用拡張を行った主体である企業や家計の過剰債務が、段階的に金融機関や公的セクターに負担が肩代わりされていくプロセスでもある。図表3－2は、筆者が1990年代から用いてきたバランスシート調整の「段階的な」概念図である。バランスシート調整の基本形は以下の3原則に示される構造である。すなわち、バランスシート調整で資本が毀損した場合の調整に必要な3原則は、①債務の肩代わり、②成長戦略として債務処理原資確保（多くの場合は自国通貨切り下げ）、③先行き期待改善で資産価格を引き上げて資本を再生するの、3手段のパッケージである。まず先に、①の国債を用いた「肩代わり」が行われる。同時に、図表3－2の左側に示される債務負担処理の原資を確保して損失処理の原資を確保する成長戦略が必要になる。さらに、成長戦略の実現に伴う先行き期待の改善によって資産価格を高めることで毀損された資本を修復することによる、以上の3原則になる。

日本の債務肩代わりは完了した

最初に過剰債務の肩代わりを振り返ろう。１９９０年代のバブル崩壊後、過剰債務が指摘された日本企業はすでに財務面ではバランスシート調整に目処が付いた状況にある。日本企業は図表３－３のように上場企業は今や半数近くが実質無借金になるまで財務体質を高め、その水準は１９９０年代初と比べ倍近く、国際的にも米国を上回る世界最強水準の財務体質

図表3-3 日米の上場企業の実質無借金比率推移

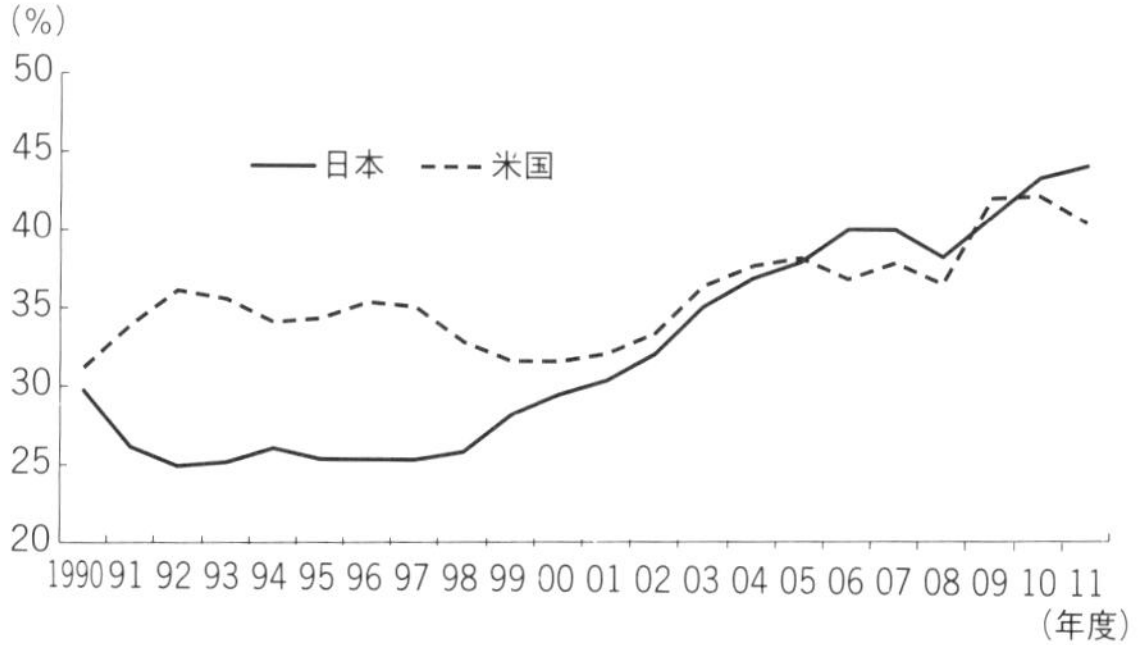

(注) 調査対象は金融を除く上場企業 日本：1,739社、米国：1,153社
(資料) NEEDS-FQ、OSIRISよりみずほ総合研究所作成

といえるまでに至っている。[1]

今日出来上がった日本企業の財務面の優位性は、バランスシート調整の厳しい環境にも生き抜くための筋肉質な財務力を20年にわたって作り上げた結果である。その個別の企業の行動パターンは、財務的にはデ・レバレッジに伴う負債圧縮、価格設定行動は円高傾向が続くなかでも競争力強化の観点から値上げをせず常に価格引き下げを志向し、そのためにはコスト圧縮やリストラで賃金上昇を抑制することだった。ただし、そうした行為がマクロ的には「デフレ均衡」の信用収縮を生じさせる副作用をもっていた。しかも、以上の調整が20年以上にわたって続いたなかで、デフレをもたらしたデフレマインドの企業行動が定着した

ことが日本の問題をより困難にさせている。欧米は日本に類似したバランスシート調整にありながらも、自国通貨を下落させることでデフレマインドに落ち込まないように水際で食い止めた点が日本と大きな差につながった。[2]

筆者が過去10年余にわたって国債の機能を説明する際に用いてきた言葉は、国債は過剰債務を肩代わって積み上がった「身代わり地蔵」であった。すなわち、日本の1980年代以降の民間債務の拡大が1990年代初に頂点を迎え、1990年代以降、民間債務が減少するなか政府債務が拡大し、民間債務が政府債務に代替していく状況、さながら「身代わり」が今日の国債残高の積み上がりである。したがって今後、日本にとっては積み上がった国債問題への対応が出口戦略での大きな課題となる。

日本の民間の債務は2007年頃に調整の目処がついたが、その過程で日本はバランスシート調整における債務の肩代わりを自国単独で自国国債によって行い、常に国債暴落が議論されつつも国債市場は安定的に推移してきた。一方、欧米の場合、1990年代後半から民間債務の拡大が生じ、2007年頃にどちらもピークを迎え、民間の債務が天井を付けるなか、2007年以降に政府債務の拡大が生じる状況は日本と類似している。

バランスシート調整に不可欠な自国通貨安と先行き期待改善

次に、バランスシート調整の第2の原則である原資確保の成長戦略を考えよう。成長戦略である原資確保については、理想的には新商品開発や生産性向上等で新たな市場を確保することが選択肢となる。ただし、先の図表3－2左側に示されるように、過去の国家ベース（ソブリン・ベース）での対応ではほとんど自国通貨切り下げの手段がとられてきた。その発想の背景には、バランスシート調整を起こした当該国の内需が回復しないなか、その他の地域から外需としてキャッシュフローを確保して当該国の債務を償還させることにある。自国通貨切り下げは、市場からのキャッシュフロー確保を行うために世界市場において自国製品を「安売り」するかのように「価格戦略」で海外市場を確保することを意味する。[3] 一方、新製品などによる生産性向上は、「質」による新たな市場を確保する手段でもある。また、市場を確保する観点から「保護主義」の手段が取られることも多い。バランスシート調整下に国際的な摩擦や紛争が生じるのは以上のような市場確保で競い合う経済環境によるものである。米国においても2012年1月24日の一般教書演説でオバマ大統領は輸出を倍増させて外需に依存した経済戦略を明確に示していた。一方、日本にとっては2007年以降の急激な円高によって外需確保が十分に行えなかったことが事実上の大きな制約になっていた。

先の、バランスシート調整における3原則の最後、先行き改善は資本問題としてのバランスシート調整においては不可避な項目となる。先の図表3－2の概念図にも示されるように、バランスシート調整の発端はバランスシートにある資産価格下落で生じる現象である。バランスシート調整においては資産価格が重要であり、その価格形成上、最も重要な要素は先行き期待となる。しかも、その見通しは実現性をもって示すことが必要になる。先行き期待の形成は、経済主体のマインドに依存する。しかも、過去の体験や履歴を伴うだけに、一度、マインドが低下するとなかなか元に戻しにくい。

今日の日本の置かれた状況は、債務の肩代わりのプロセスはすでに終わったものの、円高で外需を取り込めず成長戦略に制約が生じ、さらに円高傾向に伴う企業のマージン圧縮でデフレ均衡に陥り、先行き期待が改善していない状態といえる。先の図表3－2の左右端の部分、すなわち、円高による外需、先行き期待に大きな問題が生じたと考えられる。一方、2013年以降、安倍政権による「アベノミクス」への期待が高まったのは、その2つの大きな課題へピンポイントで取り組んで成果が生じたことにある。また、後述されるように米国がようやく改善の方向に向かうなかで円高圧力が転換しうるタイミングをとらえたことにある。すなわち、２００７年以降の向かい風が、追い風に転じたタイミングを受けて、その風向きへの後押しを行ったことが効果が生じた要因である。

日本の１９９０年と欧米の２００７年が転換点

バランスシート調整の前提条件として信用拡大が存在するとしたが、図表３−４は各地域の民間債務の対名目ＧＤＰ比較を示す。ここでは、日本の信用拡張は１９９０年頃がピークであり、その調整をその後、17年程度かけて２０００年代半ばまで行っていたことが示される。すなわち、日本は２００７年前後に債務調整は、一旦、目処を付けたと評価される。ただし、その丁度同じタイミングで、米欧が90年代後半以降、急速に債務を積み上げた反動、バブル崩壊の転換点が生じたと考えられる。その結果、まだ病み上がり状態にもかかわらず米国の調整から大幅なドル安・円高の大波に洗われてしまったことで再び悲観の極に陥ってしまった日本は、２００７年にかけて調整からの出口が期待されたが、その期待が、結局は

図表3-4　民間債務対GDP比率推移

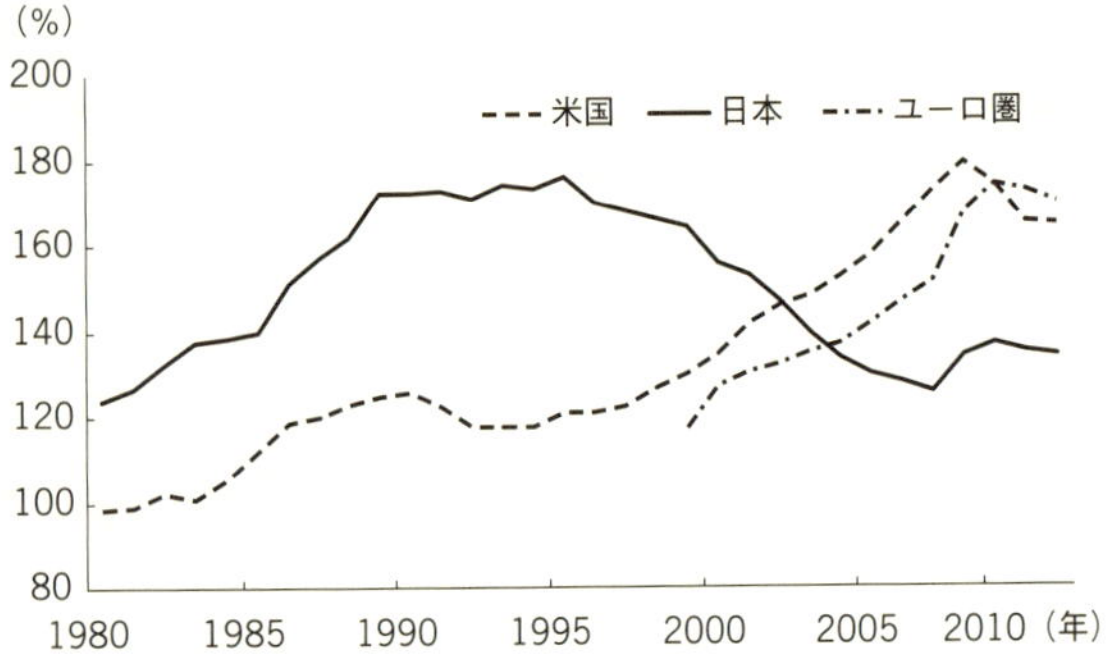

（注）米国・ユーロ圏は暦年、日本は年度。民間は民間非金融法人企業＋家計として算出。
（資料）Haver、内閣府、Eurostat、欧州委員会よりみずほ総合研究所作成

「あだ花」に終わってしまったのは、欧米の未曾有な調整に直面したからである。ただし、米国は2007年以降の調整から6年が経過し、今後、ようやく調整は終盤に向かう進捗段階が展望される。米国の住宅市場を中心としたバランスシート調整進捗、さらに、「シェール革命」にともなう経常収支赤字縮少の結果、為替のドル安圧力がなくなり、円安に転換した時宜をとらえたことがアベノミクスの本質である。一方、欧州はいまだその調整が殆ど進展していないようにみえる。

バランスシート調整に伴う市場の停滞の共通現象

次ページの図表３－５は、日本と欧米の信用拡大のバブルのピークを合わせた長期金利のグラフである。日本の場合、そのピークの大半が１９９０年頃になり、米国・欧州の場合は２００７年がそのピークに相応するが、以下のグラフは類似性がある。米国や欧州の調整が日本のバブル崩壊と同様に10年以上の長期にわたることはないだろう。米国については、すでに6年が経過し２０１３年は調整の峠を越えた出口へと向かう第一歩の段階にある。米国は日本と比べ人口動態などの点で恵まれた面も多く、その調整は日本よりも短期で完了すると展望される。ただし、これまで欧米の市場参加者が考えていたような過去30－40年間に繰り返された数年サイクルの循環とは異なり、多くの市場予想より長期化した。また、調整が続いていた２００７年以降の欧米市場の動きは日本の１９９０年代以降のバブル崩壊局面と類似した動きを辿っていた。

日本と同様のバランスシート調整が生じたことで米国の住宅価格は２００７年に初の下落となり、２００８年には前年比で2桁の下落となった。日本の不動産不況の深刻さは、その

図表3-5　日米独の長期金利

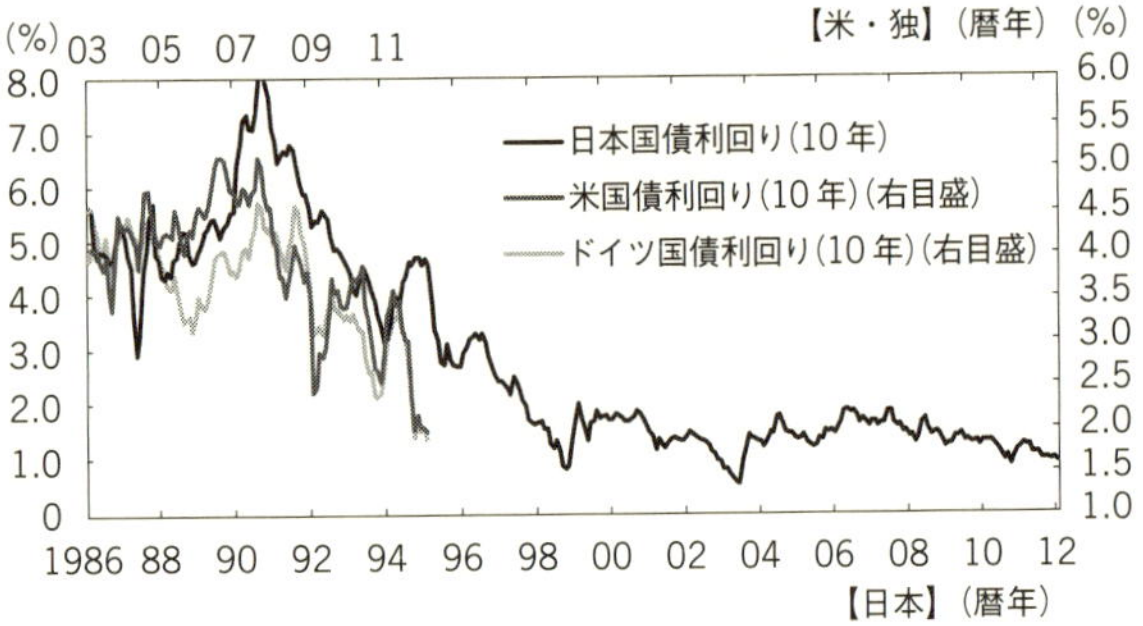

（注）日本の1990年10月と米国・ユーロ圏の2007年7月を対応させて表示
（資料）Bloombergよりみずほ総合研究所作成

下落の深さ（下落率）より、むしろ、停滞が長期にわたって続いたことだった。米国の住宅価格は２０１２年にすでに底を打って回復に向かう状況にある。米国における個人のバランスシート調整が一部で残存することを背景にすれば、地価が底入れしても従来のような急回復にはなりにくいと想定される。ただし、米国のバランスシート調整の主因は家計を中心とした住宅市場における調整が主因であっただけに、住宅市場の改善は調整が生じてから6年を経過したなか、ようやく、調整の出口の第一歩を踏み出したことになる。

　図表３－６で株式相場の推移をみると、２０１０年11月のQE2実施以降の欧米株価の大幅反発で、それまでの類似した形状から変化が生じた。

図表3-6　日米の株式相場の推移

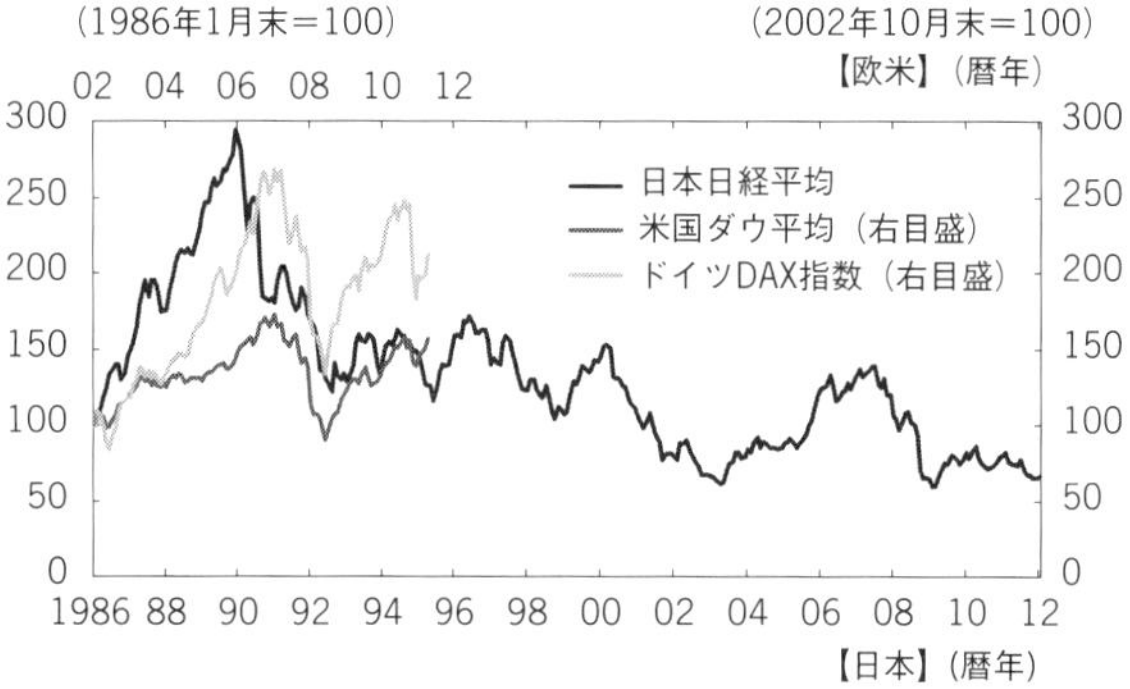

（注）日本の1990年10月と米国・ユーロ圏の2007年7月を対応させて表示
（資料）Bloombergより、みずほ総合研究所作成

類似性が生じた市場環境のなか、株式市場が異なる状況にあったのは、米国の債務調整の中心は企業セクターではないこと、さらに、米国企業は２００７年の調整以降、ドル安政策の恩恵を受ける点が日本と異なる大きなメリットをもった点である。従って、米国においては日本のように物価下落、デフレ意識が生じにくい特徴をもつ。また、そこに米国の調整は日本ほど長期化せずに収拾に向かいだした大きな要因がある。一方、日本の場合、バブル崩壊直後から、１９９５年まで大幅な円高になったことがその後のデフレ意識の定着に大きく影響した。さらに、２００７年以降、米国がバランスシート調整に陥ったことによるドル安誘導の結果、日本が円高に陥ったことがデフ

レ意識を決定的にした。2012年の政権発足以来、安倍政権が円安政策を志向するのも、以上のような問題意識が存在するからである。

以上で示された2007年以降の米国のバランスシート調整は2012年後半から不動産市場が底入れをするなか、その調整は次第に終盤を迎えるに至った。その結果、米国サイドからのドル安誘導圧力が低下したことが日本にとっては為替の円高トレンドの転換につながった。アベノミクスはそうしたタイミングをピンポイントで捉え、為替市場に蔓延した円高期待に大きな影響を与えたことが大きな成果につながった。ただし、米国のバランスシート調整は終盤に達したといえ、6年もの年月が経過した調整はかつて第二次大戦後にはなかった。そうした異例な状況に陥った背景には信用拡張の反動としてのバランスシート調整における長期間の低迷という共通現象、いわゆる「日本化現象」にあったと考えられ、依然、その症状は金融市場に続いている。以下で、金融市場の状況を確認することにする。

「日本化現象」と戦後初の日米欧同時の民間の資金余剰状態

ここで、バランスシート調整における経済金融活動の低迷状況を「日本化現象」とすれば、

図表3-7 日本のＩＳバランス推移

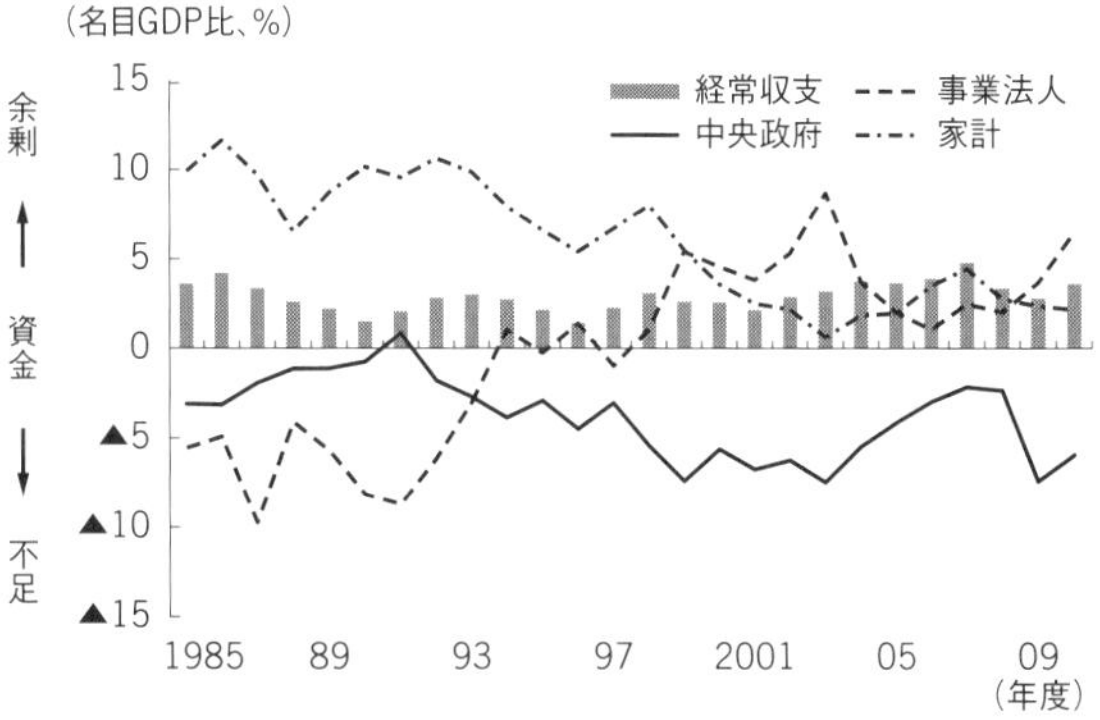

（資料）日本銀行、内閣府、財務省

日本化現象を考えるには、まず、バランスシート調整における信用収縮を見極める必要がある。ここでは、「5つの日本化現象」としたグローバルな波及状況を考える。

まず、第一の日本化現象として、資金フローを分析する観点から日米欧のＩＳバランスの状況を踏まえる必要がある。資金フローを示すＩＳバランス状況は一般的に多くの金融の教科書の最初に描かれる最も基本的環境認識を示す。過去20年にわたって、日本で繰り広げられた論争は、企業の資金需要がないのか、銀行の貸す意識が低下したか、すなわち、信用収縮の主因は企業が主体か銀行が主体かのものだった。同様の議論は2000年代後半以降の欧米にもみられる。

図表3－7は日本のISバランスを示したものだが、バブル崩壊の1990年をはさみ、企業セクターが資金不足から資金余剰に転じる大きな転換が生じた。

ここで、米国のISバランスの状況も米国のバランスシート調整以降、日本と類似してきたことに注目する必要がある。米国では2007年までの信用拡張期には家計の過剰消費が特徴になっていたが、2007年以降の転換で家計と企業が同時に余剰に至る転換が生じた。同様にユーロ地域でも企業と家計部門が資金余剰に転換している。日米欧の民間セクターである企業・個人が同時に黒字化する状況は戦後の世界経済には存在しなかった。それは世界大恐慌の生じた1930年代以降初の状況を意味した。2012年に欧米の長期金利が過去最低金利を記録するまでに至ったのは、民間セクターの資金需要が低下する信用収縮の世界に先進国が同時に陥ったことが主因と考えられる。

第二の日本化、金融政策の日本化とは

バランスシート調整に伴う民間セクターの資金需要の停滞状況を、第一の日本化、「マネー

フローの日本化」とすれば、それは、ＩＳバランス上、資金余剰は家計と企業で、資金不足セクターは「政府セクター」と「海外セクター」になることを意味する。

その結果、第二の日本化として挙げられた金融政策の日本化では、金融政策が機能しうるルートは、資金不足セクターとして残った、政府と海外を通じた、

①「政府セクター」を通じ、国債市場へ働きかけ

②「海外セクター」を通じ、為替市場へ働きかけ

のルートしかなくなる。

これは、第一のマネーフローの日本化が、第二の金融政策の日本化につながったことである。すなわち、従来の「伝統的金融政策」が機能しにくくなったなか、新たな金融政策の領域「非伝統的金融政策」は、日本銀行が１９９０年代後半から辿った、①ゼロ金利、②国債購入、③量的緩和、④時間軸政策、と進んだプロセスである。

中央銀行である米国のＦＲＢや欧州中央銀行（ＥＣＢ）の対応も、２００７年以降の調整に際し、日銀の後を10年遅れで進んできた。これらは、実質的に、金融政策と財政政策が一体化し、同時に、マネーフロー上、金融政策と為替政策も一体化することを意味する。それ

は、金融政策が事実上、財政ファイナンスの機能を負うことを意味する。同時に、金融政策の隠れた主目的が為替誘導にあることを意味した。

筆者は、2007年以降の日米欧の中央銀行の金融緩和は、さながら「金融緩和オリンピック」として自国通貨安誘導を競い合う状況、「通貨戦争」にあったと表現してきた。ただし、以上の「金融緩和オリンピック」における「ゲームのルール」では絶対に「自国通貨下げを狙う」との本音を表してはいけない「暗黙のルール」が存在した。

同時に、今日の金融政策は実質的には「財政ファイナンス」の機能を果たしながらも、国債市場の安定を確保して市場の信認を維持する必要がある。日本においては、先述のように国債を用いた肩代わりが過去20年にわたって円滑に行われ、しかも大量の国債が安定的に発行されてきたのは市場での国債への信認が背景にある。従って、実際上は財政ファイナンスの機能を担いながらも、常に財政規律を維持しているとの姿勢を市場に印象付けることが必要である。日銀は2013年4月以降、大量の国債購入による「異次元の金融緩和」に踏み切ったが、そこでは従来以上に政府サイドの財政規律への姿勢が市場の安定にとって不可欠になる。

図表3-8 日本の銀行の預貸率と国債保有残高推移

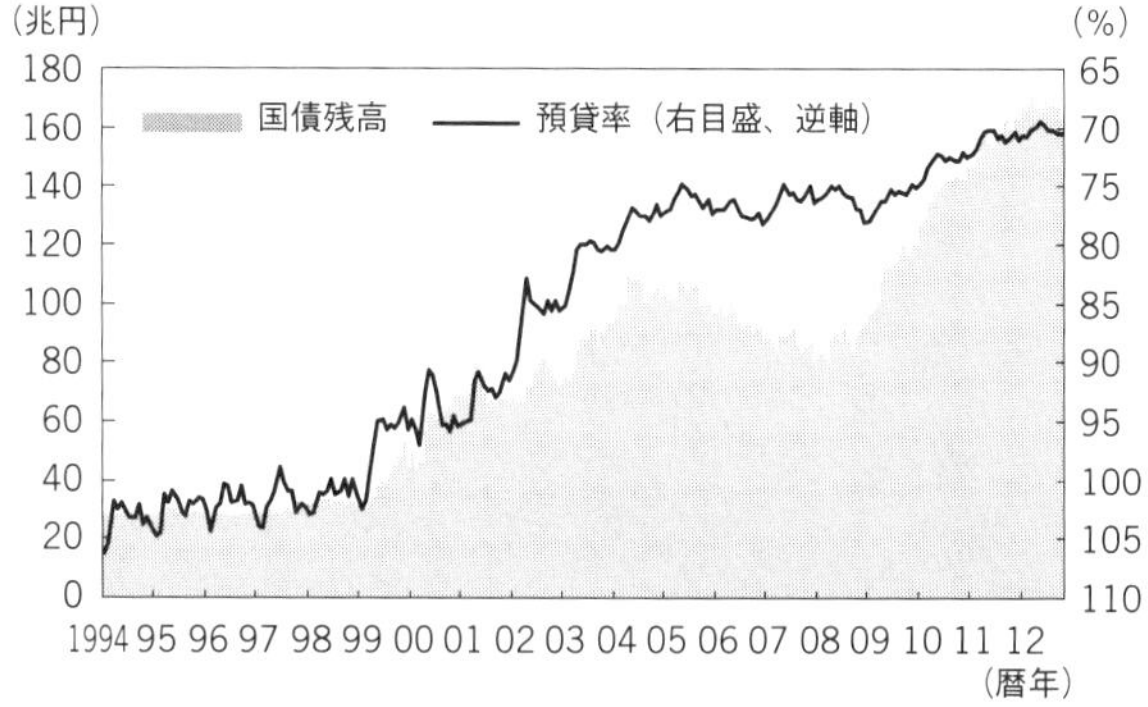

(資料) 日本銀行よりみずほ総合研究所作成

第三の日本化、日本化する欧米金融機関行動

第三の日本化は金融機関行動の日本化である。これは、預貸率低下に伴い金融機関行動が債券のキャリー重視の運用スタイルに向かうことである。預貸率とは銀行の預金と貸出量の比率を示す重要な指標である。以上の資金フローの転換は、言うまでもなく貸出縮小に反映される。図表3―8は日本の銀行の預貸率と国債保有残高の推移である。預金が増加しても貸出が減少するなか、銀行の国債保有が増加する状況が示される。

同様に、米国でも預貸率が低下するなか、2012年、米銀の債券保有額は過去最高水準を更新していた。米国では、2011年後半から景気回復期待が続くものの、従来の回復局面ほどの本格的な貸出し回復にまではならず、株高が続くなかでも国債等の債券保有が続いていた。こうした運用行動の結果、長期金利が従来の回復局面に比べ上がりにくくなっている。以上の環境は、米銀の「日本化現象」でもある。また、欧米の金融機関も日本と同様に国債等債券投資を重視する行動に向かいやすい。基本的にバランスシート調整に伴う企業の債務圧縮で銀行の貸出が縮小し、預貸率の低下が生じる。預貸率はバランスシート調整進捗の目安と考えることもできる。

日本では1990年前半に、大幅な貸出超過として預貸率が100%を大きく越えて「レバレッジ」がかかった状況でバブルが崩壊し、資産の質への不安が生じたことが1990年代後半の金融不安の背景にあった。そこで生じた現象は、資産圧縮と市場性調達依存の状態から預金調達依存のビジネスモデルへの転換にあった。同時に、企業サイドでも信用拡大の反動でバランスシート調整に伴う負債圧縮が、金融機関サイドの預貸率低下と一致することになった。また、金融機関はキャリーを中心とした国債投資への依存を高める運用スタンスに向かった。

預貸率は銀行にとってレバレッジ状況を示す重要な尺度で、預貸率低下が日本では90年代後半から、米国では2009年以降、急速に進行した。しかし、欧州はその進捗が遅れている。しかも、欧州での深刻な現象は南欧諸国の預金が流出することで、預貸率低下の調整が進みにくいことにある。もとより、金融機関の存続を決めるのは調達の安定、預金力にあるなか、2012年に預金の減少が確認されたギリシャを始めとする南欧諸国の状況は深刻と考えるべきだろう。日本では金融危機の状況下もマクロ的に預金の減少は確認されなかった点は欧州と大きく異なる。

「日本化」とは金融政策の為替誘導化と財政ファイナンス化

図表3－9は日本のバランスシート調整における資金フローを示すために筆者が1990年代から用いてきた概念図である。この図表では、入り口として左上にある中央銀行が金融緩和で資金を供給しても、貸し出しに資金が向かわず、結局、国債（ルート②）や海外（ルート①）に資金が向かうことを示している。すなわち、中央銀行信用でベースマネーを拡大しても、一定のマネーサプライの拡大にはなっても、民間信用拡大、貸出拡大には結びつかない状況に陥った。2013年4月に日本銀行は「異次元の金融緩和」とされる、強力

図表3-9　資金フローの概念図

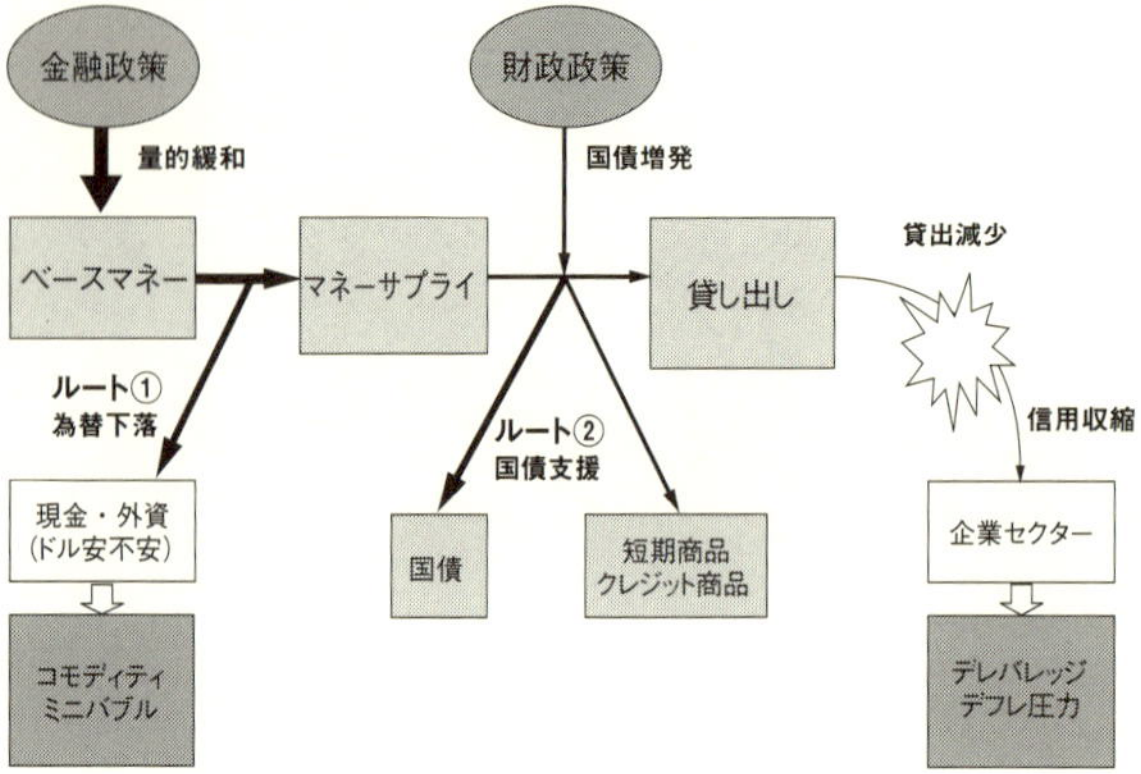

（資料）みずほ総合研究所

な緩和に踏み出した。そこでは、ベースマネーを2倍に拡大すると明記された。図表3−9で考えれば、入り口からマネーの量を倍増させても、本来の目的である図表の貸し出しまで回りにくい状況は続くだろう。ただし、金融緩和の「副次効果」として、図表3−9のルート①で海外に流れて自国通貨安（円安）に機能し、ルート②として国債に向かって国債市場の安定につながった。それは、先に示した「2番目の日本化」である金融政策の日本化として、金融政策の機能が、事実上、為替政策と財政ファイナンスになったことを意味している。また、過去10年以上にわたり、「副次効果」とされたルートが実際上は主力のルートでもあった。

クレジット商品への資金シフトは第四の日本化

先に図表3－7のＩＳバランスが示すように、企業セクターが資金余剰の状況下、企業のレバレッジが低下し、貸出・社債も含めたデット商品トータルの供給は限られる。一方、「金融政策の日本化」において金融当局が大量の資金供給を行えば、国債の利回りが低下し、その結果、「search for yield」でクレジット市場のスプレッド縮小に向かうことになる。昨今、欧州市場で伝えられるジャンクボンドも含めたクレジット市場への関心は、限られたクレジットプロダクトへの運用ニーズを反映したものである。以上が、「第四の日本化現象」としてクレジット市場の日本化として欧米の信用スプレッドも２００９年以降、急速なスプレッド縮小が続いている。２０１３年４月の日銀の異次元の金融緩和では国債購入が急に拡大するなか、図表３－９の同じルート②のなかでも国債への資金の流れから、クレジット商品へとシフトするポートフォリオ・リバランス効果が生じたことでクレジット市場の活況につながっている。欧米での金融緩和が続くなか、世界的なクレジット市場ブームが続くのは以上のような資金フローが背景にある。

第五の日本化、グローバルな金融規制は「日本の銀行になれ」

今日、グローバルな金融規制のトレンドに大きな影響を与える、米国金融規制改革法（ドッド・フランク法）のなかでも、いわゆる「ボルカー・ルール」は特に金融機関への影響が大きく、金融市場での最大の論点の一つになっている。「ボルカー・ルール」は、銀行等による自己勘定取引ならびにヘッジファンドやプライベート・エクイティ・ファンドへの出資の原則禁止を内容とするものである。同様に、英国ではリテール預金を扱う銀行を他の業務から独立したエンティティとして切り離すリテール・リングフェンスの議論も生じている。すなわち、世界の2大金融拠点で金融機能を抑制させる制度が導入されようとしているのは注目すべき点である。

以上の規制の潮流は、2007年頃までの世界的な信用バブルの拡張と、その結果生じたサブプライム問題やリーマンショックに対する「反省と再発防止」の観点から、信用拡張への歯止めと業態規制を全面的にかけることを意味している。それは、銀行に対し「ナロー・

バンク」の方向性を志向し、リスク拡張で金融が世界経済の混乱を加速するような状況を回避させるための対策とされるものである。

英国では金融が招いた不況長期化のなか、金融規制への世論は根強い。日本ではバブル崩壊後、１９９０年代後半に公的資金導入に沿って金融機関批判が生じたが、欧米でもそれから15年遅れで類似した状況が生じるのもバランスシート調整下での典型的現象といえる。

以上のグローバルな金融規制の潮流の目指すのは、預金調達力を重視し、その範囲内でレバレッジを抑制して銀行を中心とした着実な金融業務をあくまでも経済のインフラとして行うことである。その結果、銀行の収益性は低下するものの、金融が国家全体を振り回し、さながら「尻尾が体を振り回す」状況を回避するためには不可避な対応として世論の支持を受けることを意味する。それは、図らずも、今日のグローバルな金融規制は「日本の銀行になれ」の如く、ある面では日本の金融機関のあり方が世界の最先端を歩む状況になっている。こうした金融規制の潮流は、５つ目の日本化現象とした「金融規制の日本化」である。

さらに、各地域で独自の金融規制を行うことが、全体では「合成の誤謬」とした景気下押しを強める結果になる。各当局者は新たな政策を導入するにあたって、「他の状況が変わらなければ」という前提に基づいてその政策効果を算定する「部分均衡的」発想が中心である。ただし、他の当局者も一斉に対応を行う場合、全体が合わさることによって生じ得る「一般均衡的」予想は困難である。

特に、バブルを挟んだ時期において、各国ではバブル崩壊後の金融支援を余儀なくされ、その正当化を政治過程で行うことが求められる。公的資金等で金融への支援を行ったなか、「再発防止策」を国民に示すことが求められる。すなわち、欧米においては2008年以降のリーマンショック後に大量に行われた公的資金投入の「反省」として、その再発防止の観点からも、新たな金融規制の導入が政治的禊《みそぎ》として必要になる。

しかし、金融規制が議論され、その導入が示された段階では、バランスシート調整に伴う信用収縮が生じており、新たな金融規制が一層の信用収縮を加速することになる。特に、金融制度の面では、一連の金融規制が一層の信用収縮を加速してしまう、いわゆる「プロシクリカル性」（循環を一層拡大させる）をもつことに留意が必要である。今日、世界の金融規制当局者で議論されるのは、2007年までの過大な信用拡大を生じさせた環境への抑制に向けた対応策、「再発防止策」の「反省」を行うことである。しかし、今日の状況はバランスシート調整によって信用収縮が続く状況でも「皮肉にも」金融規制が制度化されて実施に向かいだしたことがさらなる信用収縮を招きやすくなっている。すなわち、金融システム対策での日本化現象は、再発防止策によるさらなる信用収縮へのバイアスにある。2013年初にバーゼル3の規制導入が一部で先送りされる動きが生じたのは以上の信用収縮懸念を背景としたものと考えられる。しかも、日本のように債務調整が完了し、しかも金融機関が過度にレバレッジを拡大するマインドも低下した状況下、欧米で必要とされるレバレッジ拡大を抑制するグローバル規制を日本も同じ発想のままに一律で行う必要があるかについては冷静な議論も必要になる。すなわち、バランスシート調整における症状が異なる段階のなかで、一律の処置が処方されることへの問題意識である。日本においてはいまや逆にレバレッジを拡大させるインセンティブを付与することがむしろ必要であろう。

「5つの日本化現象」がもたらす「金融抑圧」

ここで、実体経済や、金融機関のトレジャリー部門に影響を与えうるのがバーゼル規制における流動性規制であり、規則遵守に向け、単純化すれば、銀行は「預金で資金調達し、貸

図表3-10　金融環境の「5つの日本化現象」

「日本化現象」の分野	状況
資金フローの日本化現象	バランスシート調整に伴い、ISバランスで家計・企業の資金余剰化で資金需要の後退
金融政策の日本化現象	①ゼロ金利、②国債購入、③量的緩和、④時間軸政策
金融機関運用の日本化現象	期待水準を引き下げ、債券への長短金利差（キャリー）確保重視の運用に
クレジット市場の日本化現象	社債中心にクレジットスプレッド縮小
金融規制の日本化現象	預金重視の金融規制と流動性重視の対応での国債ニーズの高まり

（資料）みずほ総合研究所

出は削減する一方、国債で運用する」ことが奨励されることになる。

２０１２年４月にＩＭＦは「国際金融安定性報告書」（Global Financial Stability Report／ＧＦＳＲ）を発表している。このレポートで注目されるのは、「安全資産」に対する議論である。同レポートでは「安全資産」（米国債、ドイツ国債、場合によっては高格付社債）に負荷が高まるとしている。すなわち、安全資産とされる国の数の減少、債務圧縮による供給の低下、証券化商品の安全資産としての役割の低下が供給サイドに存在。投資家の安全資産選好、規制による安全資産へのニーズも需要に拍車をかけるとされる。その結果、投資家の買い急ぎによる価格上昇とボラティリティの拡大を及ぼすとされる。

こうした規制体系も含めた動きに伴う国債への志向やそれに伴う長期金利の低下については、「金融抑圧（financial repression）」と表現する見方も存在するが、それは同時にそれだけの影響が生じていることへの認識の強まりとも考えられる。先に示したように、２０１３年以降、米国の調整が終盤に向かう転換につれて日本も先行き期待に改善が生じても、日米の長期金利が従来に比べて低水準に止まっている。その背景には、グローバルな金融規制の強化に伴う安全資産への志向が強まっていることに加え、バランスシート調整からの出口では中央銀行の金融政策で金融緩和を長く続け、国債購入を続ける姿勢が維持される点も「金融抑圧」の波及として影響している。すなわち、金融システムの安定の観点や財政の持続性の面からも低金利が求められることも「金融抑圧」の一側面である。

以上のような環境をまとめて、図表３－10では５つの分野の日本化とした。

日本型金融モデルの再考

振り返れば、１９７０年代以降の金融市場のグローバル化、市場化のなかで、世界的な潮流として欧米型の金融モデルを模範と考える動きが一貫して続いていた。しかし、その結果として、金融の拡張、信用レバレッジの拡大が生じ、それが実体経済の大きさを上回ったことに伴う反動が、2007年以降の世界的なバランスシート調整につながっている。このような金融の拡張、レバレッジの拡大が、今日のグローバルな金融規制強化に舵が切られた背景にある。

一方、アジア型の金融モデルは、預金の調達力を活かした資金供給によって、経済成長を支えるインフラ的な機能であることがベースにある。図表3－11は、日本、中国、米国の個人金融資産における金融商品別の内訳を示すものであるが、現預金が過半である日中と、株式・預金等直接金融商品が多い米国とは大きく異なる構成である。他のアジアの多くの国々も日中の構造に類似しているため、アジアでは預金に資金が流入する構造となっており、預金の受入先である銀行による投資が重要となってくる構図と言える。それは、借入れによる信用拡張を利用した資金供給とは異なり、本源的な資金力を背景にした金融モデルである。また、銀行を通じたモニタリング機能の重要性にあった。なお、本源的な資金の一種として、一国のマクロ経済における経常収支黒字による貯蓄も、重要な役割を果たしている。

図表3-11 日中米の個人金融資産の内訳

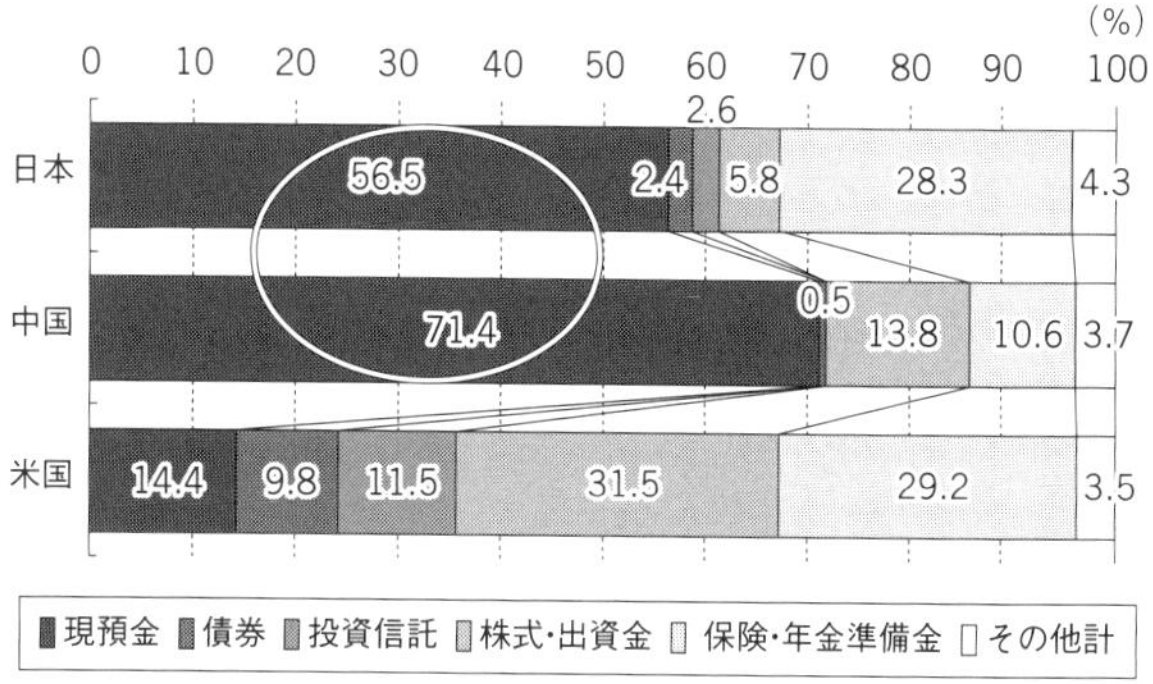

（注）中国は暫定値
（資料）日本銀行（2011/12）、FRB（2011/12）経済科学出版社『中国居民収入分配年度報告（2011）』より
みずほ総合研究所作成

筆者は日本の国債市場における特徴をアジアの市場参加者に説明するとき、日本版プライマリーディーラー制度である国債特別参加者制度において、日本では銀行が枢要なメンバーであり、重要な役割を果たしていることを常々指摘してきた。昨今、アジア各国の金融当局は、欧米型プライマリーディーラー制度を含む欧米の枠組みを直輸入して国債等債券市場インフラを整備しようとしているなか、アジア型の金融モデルの特徴を勘案すれば、全く同じ仕組みの導入は適さないと考えられる。すなわち、アジア型の金融モデルでは、銀行は投資家としての側面も併せもっているため、

アジア各国の金融当局は投資家という観点からも、銀行の存在を重視し、銀行に対して債券市場育成の議論への参加を、これまで以上に求めていかなければならないことになる。

いまや最も世界で注目されているのはアジア地域であるが、2008年の金融危機以降、欧米の金融機関がアジア向けの貸出しを抑制するなか、日本も含め、アジアの金融機関がアジア向けの貸出しを従来同様のトレンドで伸ばしてきた。欧米型金融モデルの見直しにより、アジアでの資産圧縮を迫られている欧米金融機関と異なり、アジアの金融機関はアジア型金融モデルであるがために健全性を保っており、その融資能力を維持できた面が強いと言えるだろう。結果として、金融の「原点回帰」と言える、「本源的な資金」を活かした安定的な金融仲介が再評価される動きにつながるものと展望できる。

日本そのものがＳＷＦだった

図表３－12は戦後の日本の発展を支えたリスクマネー創出システムを示した概念図で、日本そのものがリスクマネーを生み出す壮大なソブリンウェルスファンド（ＳＷＦ）であったともいえる。また、日本を企業にみたてて「プライベートエクイティファンド」として成長

図表3-12 戦後の日本のリスクマネー創出プロセスの概念図

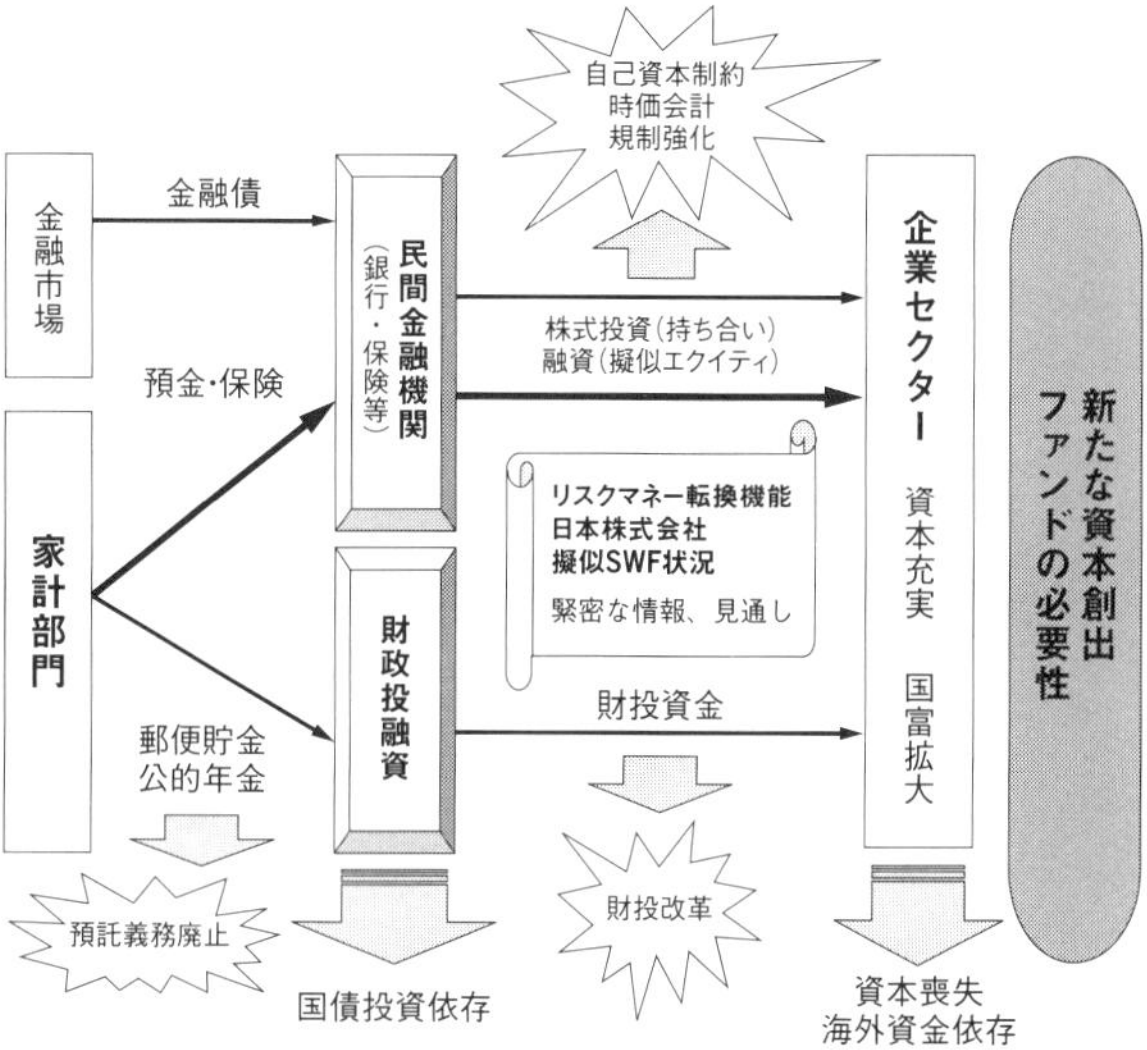

（資料）みずほ総合研究所

資金を供給した構造を示す。それはさながら「日本株式会社」の構造だった。同時に、1990年代のバブル崩壊以降、そうしたリスク資金転換システムを機能低下させた制約要因も同時に示すものである。戦後の日本の対応は官民の政策ベクトルを合わせることで、小口のデット性の資金をエクイティ性の資金に変える、キャピタルを作り上げる国全体がになう「錬金術」によって実現された面が大きかった。図表3－12ではバブル崩壊後、金融機関を取り巻く環境の転換と財政投融資の転換によるリスクマネーに大きな変化が生じた。戦後、銀行が担っていたリスクテイク機能がバブル崩壊と世界的な金融規制のなかで制約が生じたなか、日本で資本を供給し、従来の資本への転換機能を代替してきたのが主要製造業と総合商社の機能であろう。しかし、実際上、国内でのリスクマネー供給は十分ではなく、その多くは海外投資家に依存してきた。

2010年に日本政府は産業革新機構を設立して日本政府としてのリスク資金供給を行う組織を設立するに至っている。産業革新機構は日本がもつ産業資源の潜在力を活かすことが目的とされ、新たな価値を創造する革新性のある事業に中長期的産業資本を供給するとされる。こうした動きも日本が従来、国そのものが実質的なソブリンウェルスファンドであった構造を現代的な観点から再構築する動きとも考えられる。今日、「官製ファンド」への期待が生じたのはバランスシート調整に伴う資本の消失を補う必要が生じたものと考えられる。すなわち、海外投資家しかリスクマネーを提供できない中で、国内でもリスクマネーを作らざるを得ないからである。第二次世界大戦で日本は敗れても、株式は日本で保有したが、1990年のバブル崩壊にともなう「第2の敗戦」では株式保有を海外投資家に丸投げするだけでなく、国内でもリスク資産に投資を行う必要がある。

一方、戦後の構造は限られた資金をリスク性資金に転換させる仕組みを公的セクターと民間金融セクターが担っていた。そこでデット・エクイティスワップの機能を銀行融資の擬似エクイティ性が担った。また、長期資金への転換を公的金融機関や長期信用銀行が担っていた。リスク資金の創出には従来、銀行貸出しが長期安定の擬似エクイティとして機能していたことに依存した面が大きかった。今日、銀行への国際的規制の強化のなかで銀行が従来のような機能が担いにくい環境下、様々なネットワーク、「絆」を利用してエクイティ性を帯びた資金をいかに創出できるかが重要な課題である。

日本の銀行の融資は長らく「擬似エクイティ」として機能してきた。なかでも地域の有力金融機関がもっていたリレーションによるネットワークはエクイティ的性格を有していた。同様に、大手金融機関がもつメインバンク、主力金融機関としての貸出もエクイティ性を有する、ないしは劣後性をもった貸出であった。こうした性格づけがグローバルな金融規制のなかで十分な理解が得られなかったことに日本のバブル崩壊後の問題が存在した。日本の金融の復活は、どのようにしてもう一度、新たな形でエクイティ性の資金を創出することができるかによる面も大きい。2004年以降、日本ではリレーションシップバンキングとして地域金融機関の性格付けを行ったことがあったが、改めて、絆による擬似エクイティの観点から地域金融機関の意義付けを行うことも考えられる。また、大手行が保有する産業界との緊密な絆をいかに投資銀行業務も含めた総合的金融サービスにつなげることが出来るかが課題である。日本のように資金が預金を中心に間接金融機関に集中する資金構造にあるなかでは、銀行を通じたリスクテイク機能を重視することが不可欠になる。そのリスクテイクの形態が日本の銀行の融資は「擬似エクイティ」として機能してきたことにあった。今後の金融の規制環境は以上のような日本の資金構造に沿って、いかに現実的な観点からリスクマネーを創出できるかを考えることにあるだろう。

日本は世界に先駆けて「脱日本化」できるか

日本が20年以上にわたるバブル崩壊を経て、今後、改めてリスク性資金、いわばエクイティ性資金を復活させるのは容易でないだろう。日本においては短視眼的な成長戦略だけでなく、いかに自らの持っているものを再認識して先行き期待の改善、マインドセットの転換を通じ、金融面では緊密な絆からのエクイティの再生をいかにできるかが鍵である。エクイティ性資金の復活には先行き期待の改善も不可欠になるが、その背景には自らが有する潜在力を意識し自ら自信を回復することにある。本論に示した図表３－２のバランスシート調整からの３原則は、そうした出口に向けた道筋を示すロードマップでもある。

２０１２年の拙著『２０Ｘ Ｘ年　世界大恐慌の足音』でのメッセージは、「今日、日本が最も世界経済の状況を理解している可能性がある。少なくとも現段階ではバランスシート調整をすでに終わらせ、現時点ではバランスシート調整の当事者としての地位ではない分、客観的な見方をすることができる。そうした知見を活かすことができなければ、日本は過去20年をどう学んだかと問われても仕方ないだろう。」とした。

同様に、バランスシート調整に真っ先に入った日本が、本来であれば、バランスシート調整から先に抜けだす目処をつけなくては過去20年のバランスシート調整からの習熟も問われかねない。世界的には依然バランスシート調整が残存するが、日本については以上で議論したように、少なくとも債務の肩代わりの調整は終えているだけに、新たな金融のあり方を踏まえたうえでの成長戦略も展望できる状況にある。それは、いかにエクイティの再生を実現してレバレッジ拡大に戻る、「脱日本化」を日本が先駆けて行うことができるかにある。

ここで、今日の日本の抱える構造問題は、冒頭に示した図表3－2の概念図で債務の肩代わりは国債を通じて実現できたが、収益を確保する成長戦略と、先行きのマインドの改善ができないことにあった。日本は2007年頃に債務調整の目処がついたものの、丁度その段階に今度は米国中心の調整が生じたことで新たな調整圧力が再び海外から生じる状況に後戻りしてしまったことによる。同時に、欧米のバランスシート調整に伴う一段の円高圧力に伴う縮小均衡で、一段と先行き期待が下方屈折し、日本の「デフレ均衡」が深まる「悲観のバブル」状況に陥ってしまったことが大きい。

アベノミクスと脱失われた20年の第一歩

今日、日本でも「失われた20年」の脱却の第一歩への期待がようやく生じたのはアベノミクスの効果が急に生じたからだけではないだろう。同様に、2013年に就任した黒田日銀新総裁の「異次元の金融緩和」の効果だけに期待できると楽観視できるものでもない。むしろ、米国の2007年からの調整が2013年にかけすでに6年近い年限が経過し、ようやくその調整が終盤にさしかかり、住宅分野を中心に緩やかながらも回復に向けた道筋が２０１４年以降にかけて生じる道筋を描くことができる状況になったからである。その結果、日本の為替の円高圧力も転換し、従来のデフレ均衡の悪循環の環境も変わりうる状況になってきたからである。アベノミクスとされる安倍政権の経済政策は、以上のような海外環境・為替環境の潮流の転換を捉えたうえで、為替の円高転換に向けたアクションを起こしたことが大きな転換につながったと評価すべきだ。同様に、マインドセットの観点からも、安倍政権が行う様々な対応が次第に期待の転換を生じうるきっかけをもたらす変化も生じている。

冒頭に示したバランスシート調整の図表３－２の概念図にある３原則の全てに前向きな動きでそろったのは１９９０年代以降の20年以上にわたる調整のなかで２０１３年が初めてといえる。もちろん、バランスシート調整に伴うデフレからの脱却には、依然、多くのハードルが残っている。米国を始めとするバランスシート調整は終盤に達したものの、そこには不確実性も残存する。欧州は、調整を残したままであり、米国も一部に残存する調整圧力があるからこそ、米国中央銀行のＦＲＢは依然、緩和姿勢を続ける異例な状況にある。同時に、日本の２０００年代以降の教訓を踏まえれば米国が拙速な出口戦略を進めることにはリスクをともなう。また、日本では一部に先行き期待に明るい兆しは示されたものの、過去20年、期待を常に引き下げてきた調整を自らに課してきた企業行動が前向きに転じるまでにはまだまだ時間を要する。そこでは冒頭の図表3－2の概念図における成長戦略における収益性向上策を着実に実行することよって自信を回復し、着実に先行き期待を引き上げることが求められる。

なお、日本米欧の主要先進国が同時に調整に陥る、1930年代の大恐慌以来の事態にありながらも、世界大恐慌再来にならなかったのはなぜだろうか。1970年代頃、日米欧の世界全体のGDPに占める比率は80％を超えていた。その頃に同時調整が生じれば世界大恐慌再来だっただろう。しかし、今日、その水準が60％程度まで低下するまで新興国の拡大が生じた。2007年以降の日米欧の同時調整に陥っても、中国を中心とした新興国の拡張的経済政策が大恐慌の再来を救った。世界経済は一段のフレクシビリティを持ったことになる。ただし、一方で日米欧の調整負担が新興国に肩代わりされ、中国など新興国が今後、過剰設備・過剰債務による調整を負う状況にある。また、日本においては調整の最終段階の課題は大量に残った国債問題への対処にあるだけに出口戦略としていかに国債問題に対応するかが重要になる。

戦後、先進国のなかで日本ほど大きなバランスシート調整とそれに伴うデフレ、「日本化現象」を体験した国はない。それだけに、「日本化先進国」である日本は経済・金融環境におけるまたとない症例と経済金融政策の治験を行った唯一の先進国である。日本の金融市場を長らく体験した者としてその特権を活かした出口戦略をいままさに議論する必要がある。

また、２０１３年に日本が行うデフレからの脱却の試みとしての「インフレ・ターゲット」はデフレに対応したインフレ・ターゲットとして人類の金融史上初の実験として位置付けることもできるだろう。本論で示した過去四半世紀の日本が辿った道のりは金融の歴史的事例の宝庫である。自然科学と異なり、社会科学は実験ができないだけに、日本はバブル崩壊後のこうした豊富で貴重な事例を金融史における研究対象としても活かさない手はないだろう。

第　4　章

グローバル・インバランス

金融危機と日本の企業部門

後藤康雄（三菱総合研究所主席研究員／チーフエコノミスト）

2つの問題意識——危機の理解とわが国の位置づけ

2000年代後半以降の世界的な金融危機は、影響の大きさや広がりにおいて、それまでにも様々な国々でみられてきた危機とは桁違いのものであり、その原因や背景については今なお活発な議論が続いている。世界最大の経済大国であり基軸通貨の供給国でもある米国を震源とした今回の危機は、2008年9月のリーマンショックを引き金として、世界経済を大きく落ち込ませ、その後も欧州での深刻な債務危機につながるなど、欧米を中心に大きな混乱を引き起こしてきた。本章は、国際的なモノやカネの動きをやや長い目でみながら、その中での日本経済および日本の企業部門がどのような状況にあったかを、グローバル金融経済危機と関連づけて整理するものである。

今回のグローバルな金融危機を考えるうえでの大きなポイントは、経常収支の不均衡（グローバル・インバランス）である。米国の経常収支の赤字をはじめとする、各国の経常収支の不均衡に対しては、以前から警鐘が鳴らされていた。このグローバル・インバランスを、金融危機全体のなかでどのように位置づけて考えるかについて大きく見方は分かれており、今回の金融危機を理解するうえでの最大の争点となっている。

本章の問題意識は大きく二つある。まず今回の金融危機をどう理解するか、である。もうひとつは、そのなかにおいてわが国はそれを促す側にあったのか、受動的に巻き込まれる側にあったのか、である。以下では、まず貿易（モノ）、資本（カネ）の双方の視点から、世界的な経済取引の動向を長期的な視点で概観する。特に、世界経済全体のなかで、わが国がどのような位置づけにあったのかについて確認する。それを踏まえ、米国を震源とする近年の金融危機のメカニズムについての見方を、グローバル・インバランスなどの概念をまじえながら整理する。最後に、日本経済の長期的な流れについて、その鍵を握る企業部門を中心に多面的にチェックする。

貿易取引の概観——突出するアジアの対米黒字

2008年のリーマンショックに向かうプロセスにおいて、世界経済はどのような動きを示していたのだろうか。今から振り返れば、危機の予兆はあったのだろうか。ここではまず世界的な貿易や資本の流れを、金融危機の震源となった米国とのやりとりを中心に概観し、そのなかでの日本の位置づけを確認する。

その際のエリアとしては、米国、日本、欧州、アジア・大洋州、ラテンアメリカの5ヶ国・地域を考え、期間は80年代、90年代、2000年代（リーマンショックまでの2001〜2007年）の3つに区分する。


モノの取引、すなわち世界の貿易は、冷戦の終結などを背景にグローバル化が進展するなか、もともと長期的なトレンドとして拡大傾向をたどってきた。図表4－1は、米国を中心とした貿易額を期間別に示したものである。実線の矢印はグロス、すなわち片道ベースの輸出・輸入を表し、点線の矢印はネット、すなわちそれらの差引きとしての純輸出の方向を表す。数字は1年当たりの平均でみた金額を億ドル単位で表示したもので、実線の矢印の太さや点線上の円の大きさは、ほぼ金額に比例するように描いてある。

この図から確認できるとおり、各地域とも米国との貿易を増やしていたが、とりわけアジア・大洋州がグロス、ネットとも著しい増加をみせている。アジア・大洋州の米国向け輸出は、90年代には80年代の約5倍、2000年代は90年代に比べ約3倍に増大した。この結果、リーマンショック前の米国向け輸出額は、年平均で3000億ドルを超える水準に達していた。輸出に比べると、米国からの輸入はそれほど伸びなかったため、米国向けの輸出から輸入を差し引いた純輸出も90年代、2000年代にそれぞれ約8倍、約3倍と増加し、リーマンショック前の米国向け純輸出は、年平均2500億ドル近くにのぼっていた。

同様に欧州も米国向けに輸出を大きく伸ばしていた。片道ベースでは、90年代、2000

図表4-1 米国を中心にみた貿易額
（1年当たり平均）

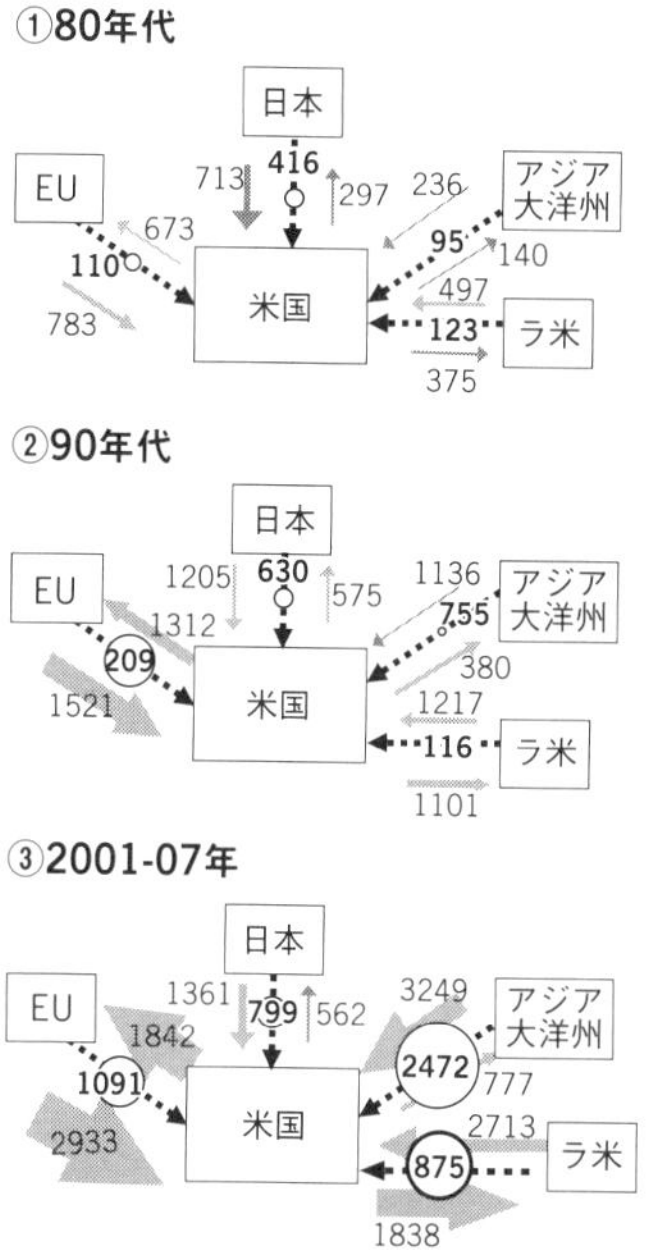

（注1）すべて米国側から捉えた数字で単位は億ドル。年平均換算の値。
（注2）アジアは発展途上アジア、ラテンアメリカは西半球。
（出所）IMF「国際貿易統計」より作成

年代に約2倍ずつの規模となり、米国向け純輸出も前期の約2倍、約5倍に増加した。この結果、リーマンショック前の期間における年平均のグロス、ネットの各輸出は、約3000億ドル、1000億ドルとなった。

日本も方向としては増加傾向をたどっており、80年代から2000年代にかけて、グロス、ネットのいずれも約2倍に増加している。この結果、リーマンショック前の2000年代では、グロスで年平均1400億ドル弱、ネットで約800億ドルとなっている。[2] しかし、80年代には米国との間の貿易摩擦問題に悩まされたわが国が、世界全体のなかで示す存在感は相対的に乏しくなっており、グローバル・インバランスの主役とは言いがたい状況である。

資本取引の概観——米欧間での両建ての拡大

モノの取引である貿易に対してカネの取引、すなわち国際的な資本フローも、貿易と同様に拡大を続けてきた。特に対米取引においてはアジアと欧州の拡大が目立ち、貿易フローと似た状況となっている。貿易取引がなされれば少なくとも決済のための金融取引が発生するため、似たような傾向を示すのは自然といえるだろう。しかし、金融取引は、モノのやりとりの決済だけではなく、そのものが自ら拡大し得る。いわば借金をして金融資産を購入するイメージで、貿易に比べて容易に両建てで拡大する。

80年代以降の状況を示したのが図表4－2である（図の見方は先ほどの貿易フローと同様）。ここで特徴的なのは、欧州が両建てで急膨張していたことである。この間、ネット、グロスとも拡大したアジア、欧州やアジアに比べればマイルドな拡大に止まった日本、とい

図表4-2　米国を中心にみた資本取引額（1年当たり平均）

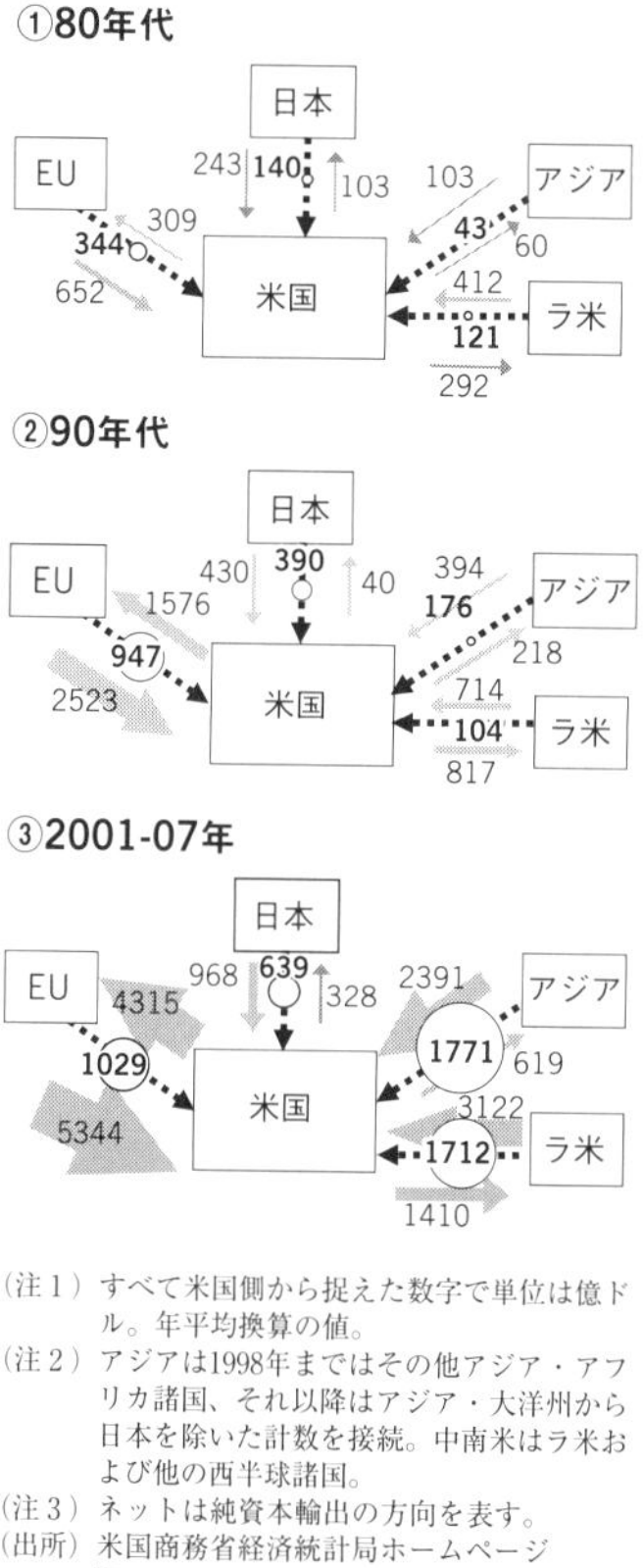

（注1）すべて米国側から捉えた数字で単位は億ドル。年平均換算の値。
（注2）アジアは1998年まではその他アジア・アフリカ諸国、それ以降はアジア・大洋州から日本を除いた計数を接続。中南米はラ米および他の西半球諸国。
（注3）ネットは純資本輸出の方向を表す。
（出所）米国商務省経済統計局ホームページ「International Transaction」より作成

うのが全体の概観である。

欧州では、80年代から2000年代にかけて、ネット・ベースの対米資本フローが約3倍に増加しているが、それにも増して目立つのは両建てでのグロスの取引拡大である。米国向けの資金流出額は、80年代から2000年代にかけて8倍以上に増え、年平均で5000億ドルを超える規模となった。米国からの資金流入額も、同じ期間に約14倍に増加し、この結果、米国向けのネット流出額は約340億ドルから1000億ドル超に増加した。

アジアもグロス、ネットのいずれのベースでも急増したが、欧州に比べるとグロスよりもネットでみた米国向け資金流出の拡大が特徴的である。80年代には年平均で約40億ドルに過ぎなかったネット流出額は、リーマンショック前には40倍を超える約1800億ドル程度にまで急増した。これは同時期の欧州をも大きく上回る金額である。

この間の日本の状況だが、貿易取引と同様にグロス、ネットとも増加はしているが、アジアや欧州の影に隠れてプレゼンスは目立たなくなっている。やはりここでも、わが国はグローバルな金融取引拡大のメインプレイヤーとは言いがたい。

金融危機のメカニズムを考える

リーマンショック前まで、資金フロー、貿易フローのいずれについても、国・地域を問わず米国との取引は急激に拡大していた。事後的にみれば、リーマンショックを契機に、こうしたカネとモノの流れの巻き返しが生じ、世界経済が萎縮したというのが客観的な事実である。

ここでの最大の議論の争点はその原因、すなわちこうした事態を招いた米国発の金融危機、さらにさかのぼっていえば米国のバブルを引き起こした原因はなんだったのか、ということである。大きく2つの有力な仮説が提示されており、（i）モノを中心とする実物取引の収支尻である経常収支の世界的な不均衡、すなわちグローバル・インバランス（global imbalance）が主因とする見方と、（ii）世界規模での活発な金融取引を反映した過剰流動性（excess liquidity）が中心的な役割を果たした、とする見方とがある。前者のグローバル・インバランス仮説（以下、インバランス仮説）は、中国などが経常黒字に伴って獲得した巨額の資本が米国市場に流入したことが原因とみており、バーナンキ（Bernanke, 2005）、ドゥーリーほか（Dooley, Falkerts-Landau and Garber, 2003）などがその代表である。

ある国が海外全体と行う経済取引を考えると、貿易など実物的なやりとりの収支尻である経常収支と、金融関連取引の収支尻である資本収支は基本的に一致する。[3] 実物的なやりとりには必ず決済資金の動きが伴うことからも、これは直感的に理解することができよう。したがって、経常収支の不均衡を原因とする考え方は、経常収支と裏腹の関係にある資本収支、すなわち「ネット」の資本フローが重要とみる立場と言い換えることができる。

これに対し、後者の過剰流動性仮説（以下、流動性仮説）は、米国を中心とする世界的な金融政策の緩和が、金融取引を過熱させて過剰流動性を生み、バブルをひき起こしたと考える。その代表は、テイラー（Taylor, 2008）やアイケングリーン（Eichengreen, 2009）、ボリオ＝ディシャタート（Borio and Disyatat, 2011）などである。これらはネットではなくグロス、すなわち差引の収支尻ではなく両建てのまま資本の流れをとらえ、その重要性を主張するものである。

経常不均衡を原因とみるインバランス仮説

国全体でみると、経常収支と資本収支は（一定の留保条件のもとで）事後的に一致する恒等関係にあるが、それはさらに貯蓄と投資の差額を意味する「貯蓄投資差額（ＩＳバランス）」に一致する。[4] ある国の経済が海外とのやりとりをまったく行わず国内で閉じていれば、国全体でみた投資の原資は、家計などの貯蓄でまかなわなければならない。つまり、貯蓄と投資の金額は一致する。しかし、海外との経済取引が可能ならば、足りない貯蓄を海外から調達したり、逆に余っている貯蓄を海外に運用できる。このように、貯蓄と投資の差引であるＩＳバランスは、金融取引の収支尻である資本収支と一致し、ひいては実物取引の収支尻である経常収支に一致する。ただし注意が必要なのは、これらはあくまでも事後的な恒等関係であり、これだけでは因果関係は分からないということである。

バーナンキらは、巨額の経常黒字と裏腹の関係にある、中国などの「グローバルな過剰貯蓄（Global Saving Glut）」が米国への資金流入の源となり、ひいては金融危機の土壌を形成した、と主張する。図表４－３は、主要国の経常収支の長期的な推移をみたものである。確

図表4-3　主要国の経常収支の推移

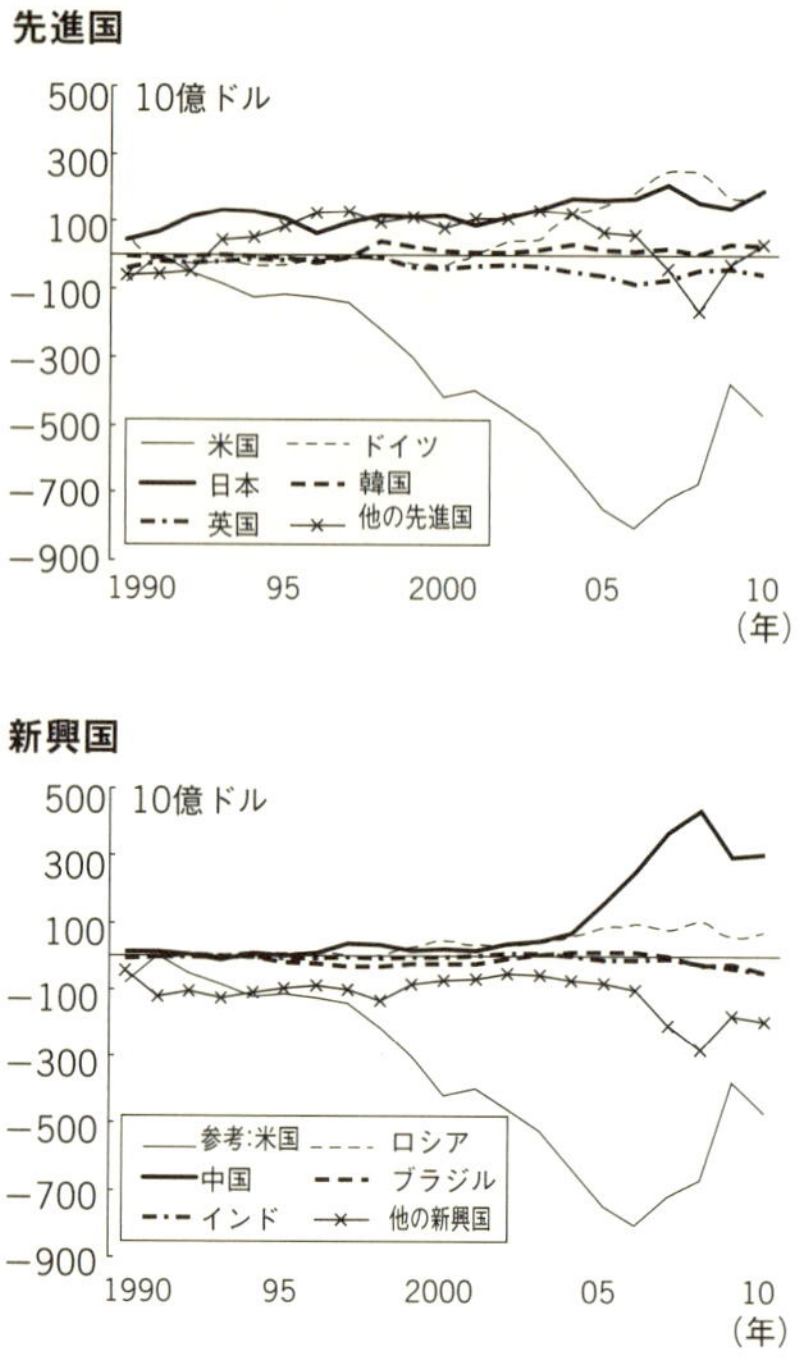

出所：IMS「世界経済見通し」より作成

かに、世界規模で生じた現象を振り返れば、中国の貯蓄超過と米国の貯蓄不足に象徴されるようなグローバル・インバランスが拡大してきた。そして、流れに沿うような形で日本やドイツも経常黒字は拡大基調にあった。因果関係はともかく、結果的にわが国も経常黒字を拡大させ、対米資本フローを増加させた側のグループに属している。

ただし、すべての国々が経常黒字を拡大させてきたわけではない。先進国では、イギリスは米国ほどではないが経常赤字を増やしていたし、新興国でもインドは２０００年代前半を除いて経常赤字の傾向が続いていた。このように国ごとにみれば状況は異なるが、全体の構図としては、圧倒的な経常赤字を生んできた米国と、それに呼応するかのように経常黒字を急速に増やした中国、そうした流れに沿うかのように黒字を拡大させ続けた日本やドイツ、とまとめることができるだろう。

金融緩和に着目する流動性仮説

実物面から経常収支の不均衡を重視するインバランス仮説に対し、欧米などで進められた金融緩和が世界的な過剰流動性を生み、それが金融危機の土壌を形成した、と考えるのが流動性仮説である。そうした過剰流動性を米国や欧州が仲介し合い、両建てでグローバルな資金フローが拡大し、それが米国のバブル体質につながったとみる。

米国は、２００１年の９・11同時多発テロ以降の２０００年代は、戦時モードで意図的に

図表4-4　各国のマーシャルのkの推移

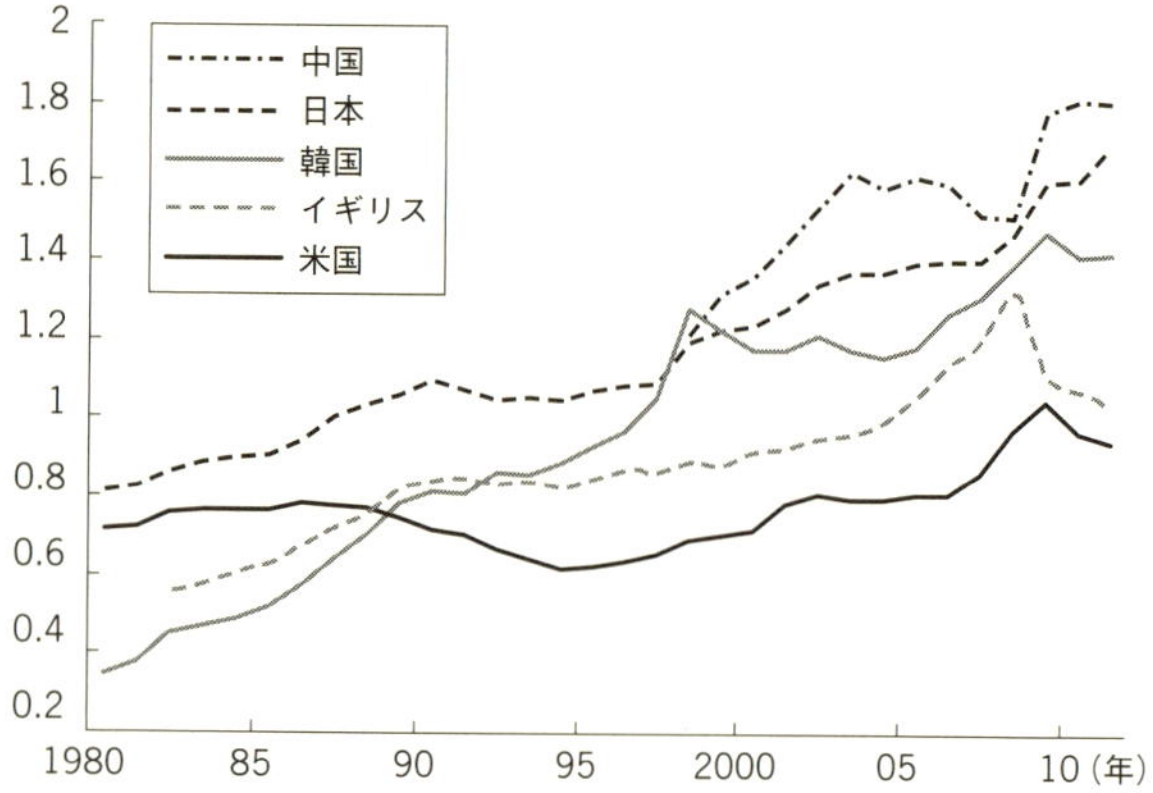

（注1）マーシャルのkは、マネー指標÷名目GDPとして計算。
（注2）マネー指標は、米国、イギリス以外はM2。米国はM3、イギリスはM4。
（注3）米国の2006年以降のM3にはShadow.statsにおける推計値を用いた。
（出所）IMF「国際金融統計」、Shadow.statsより作成

金融緩和にバイアスをかけた政策運営を続けた。イギリスなど他の国々も（わが国を含め）、金融システム不安、デフレ圧力、景気停滞などを背景に90年代以降、長らく金融緩和を続けていた。こうした背景のもと、経済の実態に比べてマネーが増えていった可能性があり、実際、「マネー指標÷名目GDP」として算出した各国の「マーシャルのk」は、図表4－4のとおり2000年代半ば頃から、米国、イギリスを中心にそれまでのトレンドよりも上ぶれ気味に推移していたように見受けられる。

両仮説の関係――似て非なるメカニズム

リーマンショック前の米国とのやりとりをみると、中国をはじめとするアジア諸国の経常収支不均衡（およびその裏側にあるネット資本フロー）が、また欧州を中心にグロス（およびネット）でみた資本フローが、それぞれ大きく膨れ上がっていた。しかし、これら個別の事実だけでは、グローバル金融危機の主因を特定することはできない。

インバランス仮説に立てば中国などの過剰な貯蓄が原因となる。過剰貯蓄がグローバル・インバランスを生じ、それによるネット資本フローが米国に流れ込んで金利低下圧力や過剰流動性などを招き、ひいては住宅バブルにつながった、というストーリーになる。[6]

一方、流動性仮説に立てば、米国自身をはじめとする国々の過度な金融緩和が金利低下や過剰流動性を促し、それが住宅バブルを生んで、結果的にグローバル・インバランスをもひき起こした、ということになる。ここで難しいのは、いずれのシナリオにおいても、グローバル・インバランスと過剰流動性という現象が、同時に登場することである。因果関係は違うのだが概ね同時進行だったため、どちらのシナリオが妥当なのか判別しづらい。

図表4－5は、両仮説が描く主なメカニズムをフローチャートで示したものである。論者によって重点の置き方や詳しい中身は異なるが、細かい点は捨象し、ポイントのみ提示してある。網掛けをした矢印がもっとも重要な因果関係であり、インバランス仮説では右上の過剰貯蓄が、流動性仮説では左上の金融緩和がシナリオの起点となっている。起点と因果関係

図表4-5　インバランス仮説と流動性仮説

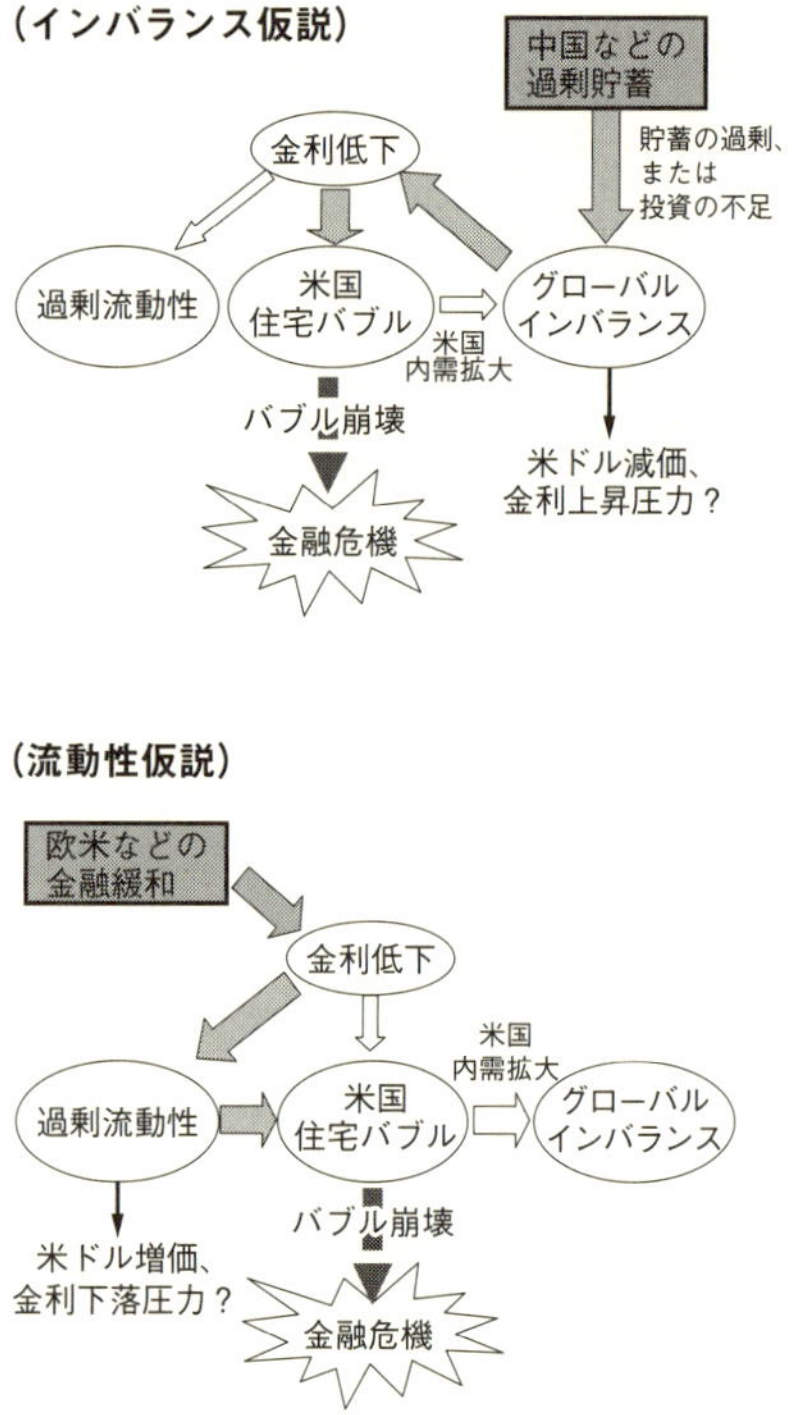

出所：筆者作成

こそ異なるものの、両仮説とも円形で表示した途中段階の事象は共通しており、これらがほぼ同時進行する今回のような状況における主因の判別は難しい。

手がかりとなる当時の金融市場の動き

ここで一つの手がかりとしては、金融市場の反応、特に為替レートと金利の動向が挙げられる（福田・松林、２０１３）。インバランス仮説が正しいとすれば、世界的な経常不均衡が主導するかたちで事態が進むため、経常赤字を抱える米国のドルには減価圧力がかかりやすくなる。また、実需の拡大などを背景に資金需要が増大するため、米国を含め世界的には一定の金利上昇圧力が働く公算が大きい。これに対し、流動性仮説が妥当であれば、対米投資のための米ドル需要が為替の増価を招く一方、マネーの増大により世界的には金利低下圧力がかかりやすくなる。

現実の動きを振り返ると、為替レートは判断が微妙な推移を示している。90年代後半のルービン財務長官時代のドル高政策の後、２０００年初頭のグリーンスパン議長のもとでＦＲＢは金融緩和を進め、ドル高是正が進んだ。２０００年代初頭から半ばにかけての期間

図表4-6　米国の実質実効為替レートと長期金利

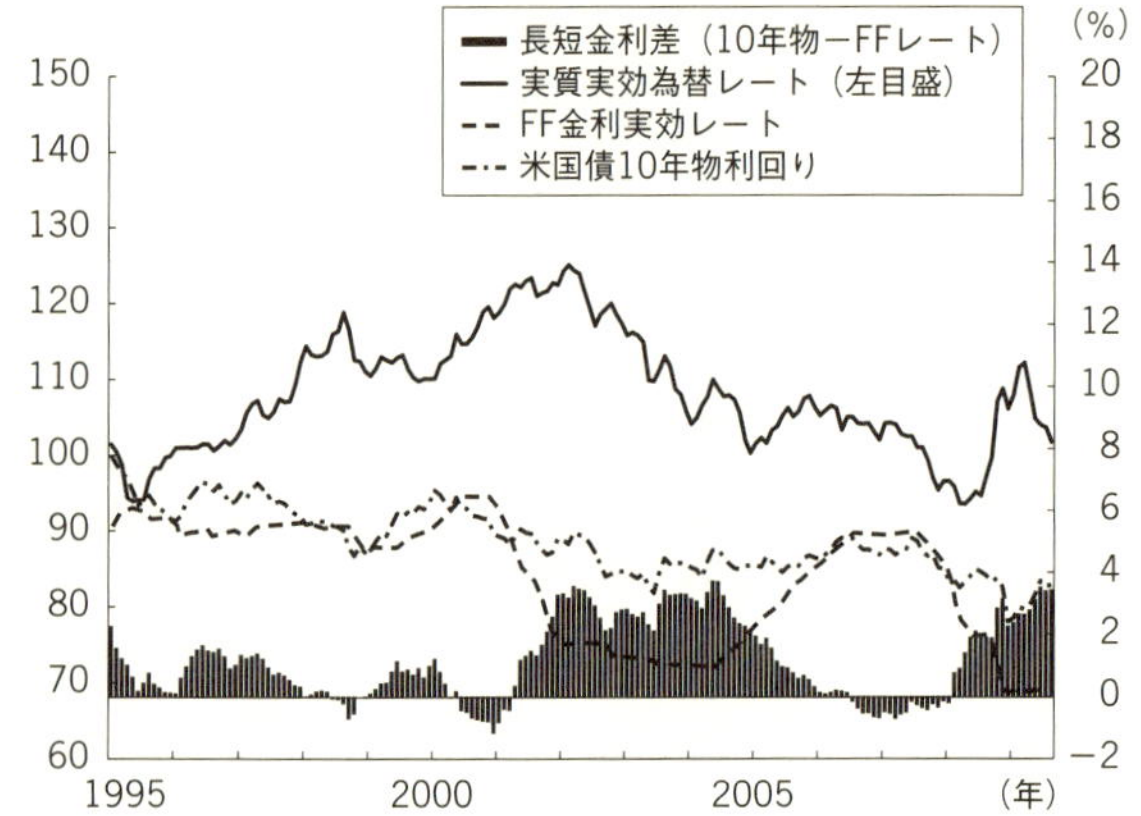

（注）実質実効レートはBISによるナロー基準ベース。
（出所）BIS「実効為替レート」、FRBホームページより作成

を通してみればドルのトレンドは減価傾向をたどったようにみえるが、肝心の２０００年代半ば、すなわちリーマンショック直前の時期は、概ね横ばい圏内で推移していたようにみえる。一方、金利の動向をみると、２００４年からＦＲＢが急激な利上げを進めたにもかかわらず、長期金利はなかなか上がらない状況が続いた。当時のグリースパンＦＲＢ議長を当惑させた、有名な「Conundrum（謎）」である（図表４－６）。

以上の状況をみると、どちらかといえば流動性仮説の妥当性が高い印象が強い。こ

れは、わが国からみた実感にも合うところである。流動性仮説において、わが国は因果関係の末端に位置するが、今次金融危機における全体のメカニズムの巻き返し過程において、貿易面を通じたダメージは大きかったが金融面を通じた影響は限定的であった。流動性仮説のフローチャートでいえば、右側に位置するグローバル・インバランスの縮小には直撃されたが、左側の過剰流動性の逆流には巻き込まれなかった、ということである。

ただし、先ほど流動性仮説の傍証とみなした金融市況は、現実には様々な要因を反映して決まるものであり、最終的な判断は慎重に行わなければならない。また本来、インバランス仮説と流動性仮説は、互いを排除し合って対立するものではない。米国をはじめとする世界的な金融緩和、および中国などの過剰貯蓄（投資不足）という、両仮説のシナリオの起点は互いに矛盾するものではなく、同時に成立し得る。しかし、現実の政策論議においては、インバランス仮説と流動性仮説が各国の立場を反映して政治色を強く帯びる可能性があることに十分注意する必要がある。例えば「米国発のグローバル金融危機は必ずしも米国の責任ではない」という主張につながるインバランス仮説は、米国を代表する論客であるバーナンキが特に強く主張している（岩本（２０１０））。

日本からみるグローバル金融危機

米国を中心にすえてグローバル金融危機に至る世界経済の状況を、２つの有力な仮説を紹介しながら整理してきた。そのなかで、特にわが国がどのような位置づけにあったかを振返ると、大きく2点に要約される。ひとつは、米国をめぐる貿易、資本フローのいずれにおいても、わが国のプレゼンスは大きくなかったということである。もうひとつは、今回の金融危機を説明するには流動性仮説のほうが妥当な可能性があり、その場合わが国の位置づけは川上ではなく川下に近いということである。これらを鑑みると、わが国は米国発金融危機の〝主犯〟ではなく、〝巻き込まれた〟立場というのが実態に近いように思われる。

以下ではグローバル金融危機に向かう期間の日本経済の状況を、特に企業部門を中心にみていく。企業部門に注目する理由は、今回の危機を考えるうえでのポイントである経常収支、およびそれを別の角度からみたＩＳバランス（貯蓄投資差額）にある。経常収支の直接的な当事者は、貿易を行う企業部門である。また、後ほど確認するとおり90年代以降のわが国のＩＳバランスにおいては、企業部門が劇的に大きな変動を示してきた。

先ほどの世界的な状況の概観では流動性仮説の妥当性が示唆されたが、もしインバランス仮説が正しいなら、経常黒字を拡大してきたわが国は主犯に加担した共犯ということになりかねない。この命題を、特に企業部門に視点をすえつつわが国の側からチェックしていく、というのが以下の問題意識である。

経常収支の動向——産業構造の視点をまじえて

わが国の経常収支は、恒常的に黒字基調が持続（期間によっては拡大）してきた。特に90年代から２０００年代にかけては国内の需要に乏しかったこともあり、相対的に輸出への依存度が高まっていた。[7] ＧＤＰに対する純輸出の比率（輸出比率）を計算すると、90年代以降、上昇傾向にあったことが確認される。[8] しかし、輸出入に大きな影響を与えると考えられる為替レートをそこに重ね合わせると、ほぼ常に輸出比率に先行するような動きを示している（図表４－７では、様々な国々の通貨に対する総合的な為替レートである実質実効レートを表示）。これだけから判断すれば、わが国の経常黒字の拡大は、不当なダンピングなど作為的、政策的なものではなく、自由な相場形成の結果としての為替レートの変化を反映した

図表4-7　わが国の輸出比率の推移

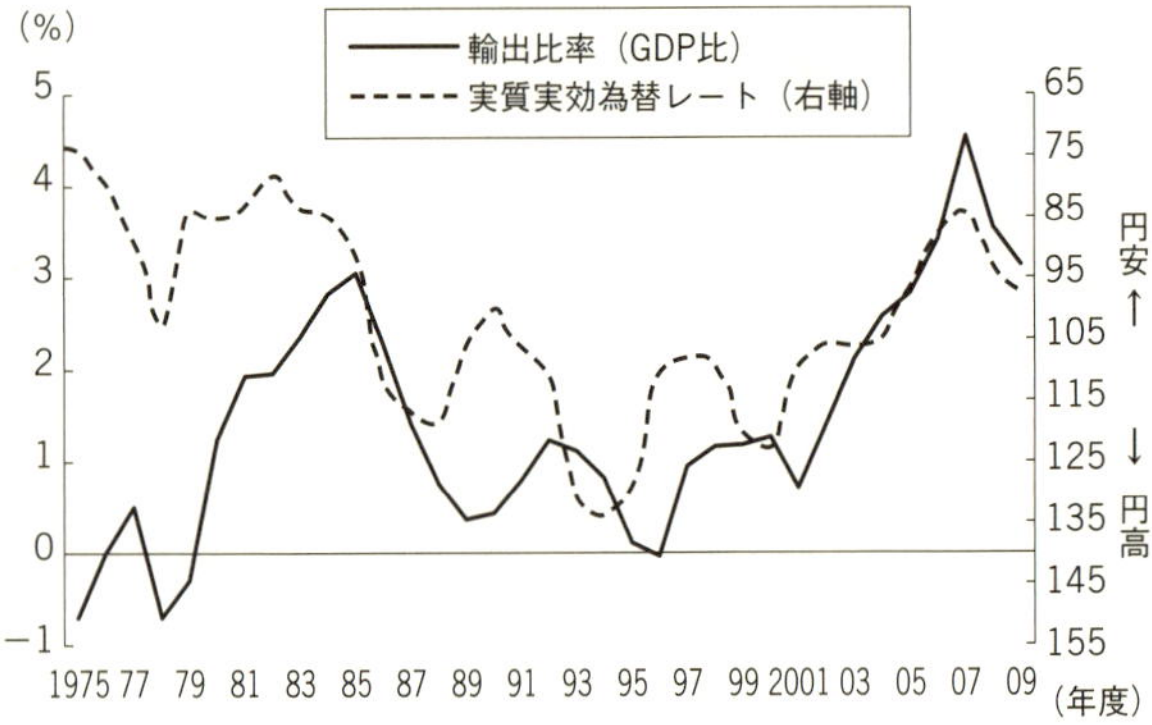

（注１）SNA、実質ベース。
（注２）1979年までは68SNA（1990年基準）、1980年以降は93SNA（2000年基準、固定方式）。
（注３）右軸は上下を反転させている。
（出所）内閣府「国民経済計算確報」、日本銀行ホームページより作成

面が強いようにみえる。

輸出の増加は、日本側の作為的なものではない、ということを改めて検証するため、次に産業構造の視点をまじえた分析を試みる。これは、どの産業が輸出比率の変化を左右したかを、経済産業研究所「ＪＩＰデータ２０１２年版」を用いて数量的にとらえたものである。[9] 具体的には、ある比率（ここでは輸出比率）の変化を生む要因を分解する公式に基づき、（i）産業構成の変化による効果（シェア効果）と、（ii）各産業内の輸出比率の変化による効果（内部効果）とに分けて、影響の大きさを抽出する。少し

図表4-8 輸出比率の変化に関する要因分解

		1975→85年	85→95年	95→07年
輸出比率の変化（合計）		1.7	−0.5	4.2
要因分解	各産業内の輸出比率の変化（内部効果）	0.9	−0.6	3.1
	産業の構成比の変化（シェア効果）	0.7	0.1	1.1

（出所）経済産業研究所「JIP2012」を用いた筆者による計算。

分かりにくいかもしれないので、（i）、（ii）それぞれについて簡単に説明しておこう。

単純化のため、ある国に産業が2つしかない状況を考える。ひとつは輸出比率の低い産業L、もうひとつは輸出比率の高い産業Hとする。それぞれの産業の輸出比率が変わらなくても、例えば産業Hの相対的なシェアが高まれば、産業全体でみた輸出比率は高まる。こうした効果がシェア効果である。一方、産業L、Hそれぞれの輸出比率が変化すれば、産業全体の輸出比率も当然変化する。これが内部効果であり、シェア効果を除去した後の産業L、Hの平均的な輸出比率の変化である。[10]

図表4－8の分析結果をみると、近年の輸出比率上昇の主因は、各産業における輸出の伸び（すなわち内部効果）であったことが分かる。輸出への依存が急速に強まった90年代半ば（1995年）からリーマンショック直前（2007年）の間の

輸出比率の変化をみると、4・2％ポイント上昇しているが、そのうち3・1％ポイントは内部効果で説明される。これは、90年代前半をピークに、日本円の実質実効為替レートが減価傾向をたどってきたことと符合する。一時的な為替介入の時期を除き、基本的にわが国の為替レートは市場の自由な相場形成に任されており、内部効果による輸出の増加は、何らかの人為的意図をもった政策などによるものではないことを示している。

ただし、産業ウエイトの変化（シェア効果）も1・1％ポイントのプラス寄与と、相対的には小さいインパクトながら無視できない大きさを示している点には注意しておく必要がある。これは、輸出依存度が高まる方向に産業構造が変化したことを意味する。もちろんこれとて意図的な産業政策などの結果ではなく、経営環境を反映した産業界の自発的な構造変化によるものだが、海外からみれば、日本の産業界が意図的に輸出ドライブを強める方向に転身を図ったようにみえるかもしれない。

貯蓄投資差額は過剰貯蓄というより投資減退

以上では、「経常収支＝ＩＳバランス」という恒等式の左辺の経常収支を輸出比率で近似

図表4-9　わが国の部門別貯蓄投資差額の推移

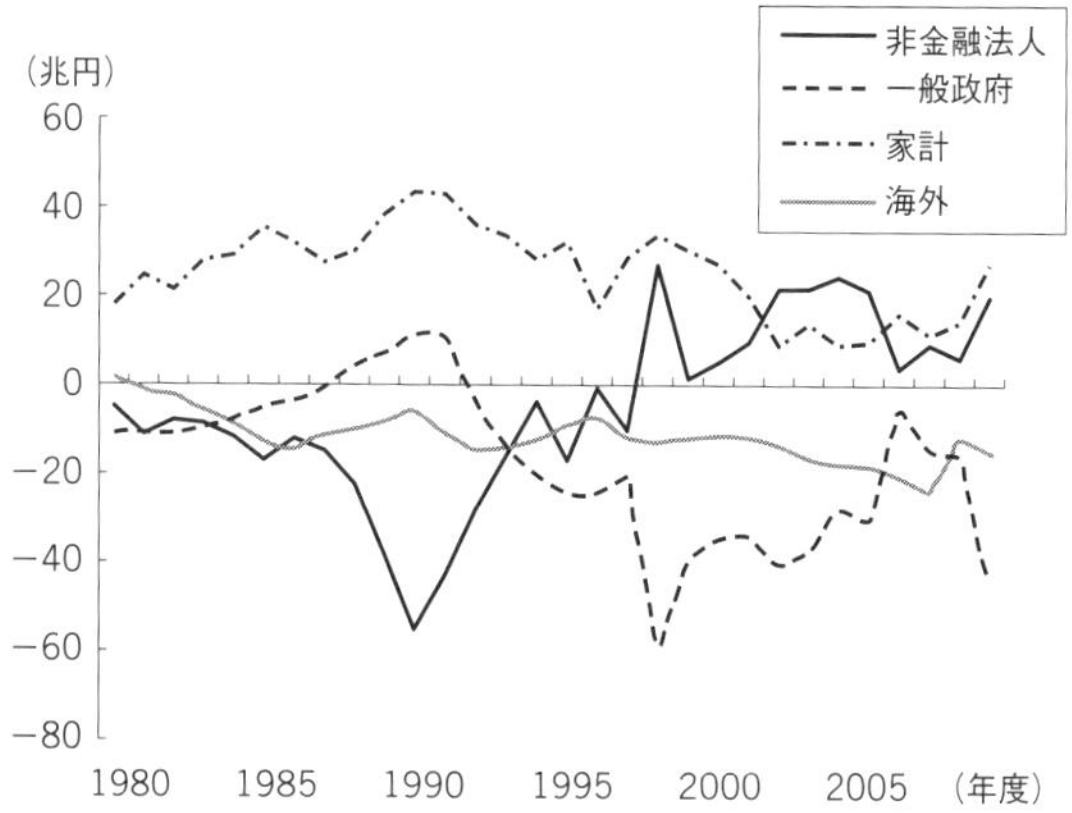

（注）SNAベース
（出所）内閣府「国民経済計算確報」より作成

し、産業構造の視点もまじえながらその動きの背景をみた。次に、多面的なチェックを行う意味で、右辺にあたるＩＳバランスの角度からわが国の状況をみていこう。

輸出の主役は企業なので、経常収支の分析では対象を産業にしぼったが、貯蓄や投資となるとそうはいかない。ここではまず国内の経済主体を企業、家計、政府の３部門に大きく分け、それぞれのＩＳバランスを確認する。

経常黒字が恒常化しているわが国は、国全体としては一貫して貯蓄超過にあるわけだが、図表４－９にみられるとおり、部門ごとには変遷がある。まず、家計部門は常に貯蓄超過だが、近年は少子高齢化を背景に超過幅を縮小させている。一方、政府部門は近年著しい貯蓄不足となっている。政府は、金融システム不安を回避するため、企業部門の債務を肩代わりし続けてきたほか、景気を下支えするために債務を増やしながら公共投資など支出を続けてきた。こうした動きがＩＳバランスに如実に現れている。この間、企業部門（非金融法人）は90年代半ばまで貯蓄不足にあったが、それ以降は急速に貯蓄超過に向かうこととなった。

もしインバランス仮説がいうように〝過剰な貯蓄〟が問題ならば、貯蓄不足になった政府部門や、貯蓄超過幅を縮小している家計部門よりも、貯蓄不足から超過に転じた企業部門の動きに注目すべきだろう。以下では企業部門に焦点を当ててさらに詳しく分析していく。

具体的なデータとしては、財務項目や業種を細かくブレークダウンできる「法人企業統計」（財務省）を用いて、企業部門のＩＳバランスの推移をみていこう。計算上、ＩＳバランスは投資と貯蓄の差額によって求められる。したがって、その変化は投資と貯蓄のそれぞれがもたらし得る。図表４－10で90年代以降のＩＳバランスをみると、投資面を表す資金需要の減退と、貯蓄面を表す内部資金の増加が同時に起こっていたことが分かる。しかし、変動の

図表4-10 企業部門の貯蓄投資差額の推移

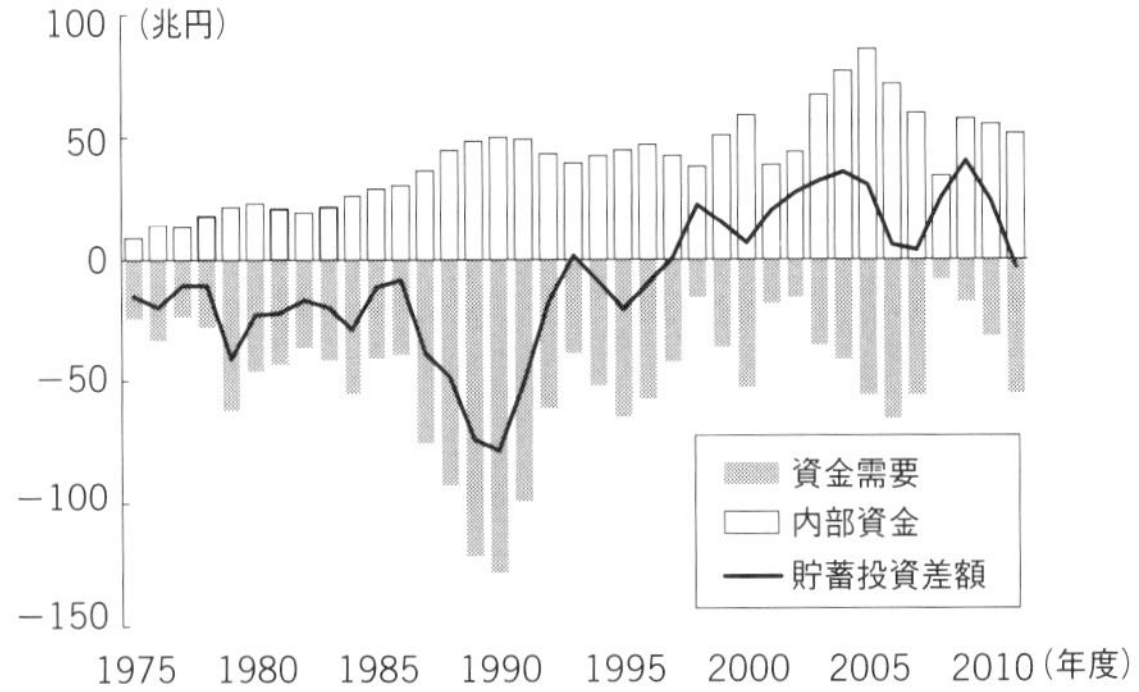

(注1) 資金需要を構成するのは設備投資、土地、無形固定資産、在庫投資、企業間信用与信、その他運転資金の6項目、内部資金を構成するのは内部留保と減価償却費の2項目。
(注2) 資金需要をマイナスに表記。
(出所) 財務省「法人企業統計」より作成

波の形状を特に左右したのは、どちらかといえば資金需要であった。内部資金は相対的に安定したトレンドとして増加傾向をたどっていた。

ここでの資金需要は、設備投資など6項目から構成される。時系列的な推移については、短期の変動は企業間信用与信が、長期的なトレンドは設備投資が左右する傾向が強かった。1990年頃をピークにその後は減退傾向をたどってきた資金需要全体の動きは、設備投資向けの資金需要の趨勢的な減少を反映したものといえる。

一方、内部資金も資金需要ほどではないにせよ、長期的な趨勢としてISバランスを貯蓄超過に向かわせる方向に働いてきた。すなわち、トレンドとして内部資金は拡大の方向にあった。内部資金は内部留保と減価償却費から構成されるが、後者は長期的に極めて安定的に推移しており、内部資金の拡大トレンドを決定付けたのはもっぱら内部留保である。

以上をまとめると、企業部門において、確かに内部留保の積み増しによる貯蓄の趨勢的な増加はみられるが、ＩＳバランスの変化を決定付けたのは、設備投資の減退を主因とする投資側である。それでは、「貯蓄が多過ぎた」のでないならば、「投資が少な過ぎた」のだろうか。その手がかりを探るため、最後に産業の視点からＩＳバランスをみる。

まず大まかに製造業と非製造業に分けてＩＳバランスを計算すると、図表４－11のように、貯蓄不足から超過への転換には非製造業の影響が大きかったことが分かる。

さらに業種を細かく区分して１９９０年から２０１０年にかけてのＩＳバランスの変化（貯蓄超過の方向をプラスとして計算）をみると、製造業を牽引する自動車、電気機械といった輸出型の製造業も上位にランクはしているが、金額的にみて圧倒的に大きいのは建設、不動産、流通を中心とする非製造業であった（図表４－12）。これらほぼすべての業種において、その変化をもたらしたのは内部資金の積み増しというより、資金需要の減退であった。

図表4-11 製造業、非製造業別にみた貯蓄投資差額

製造業

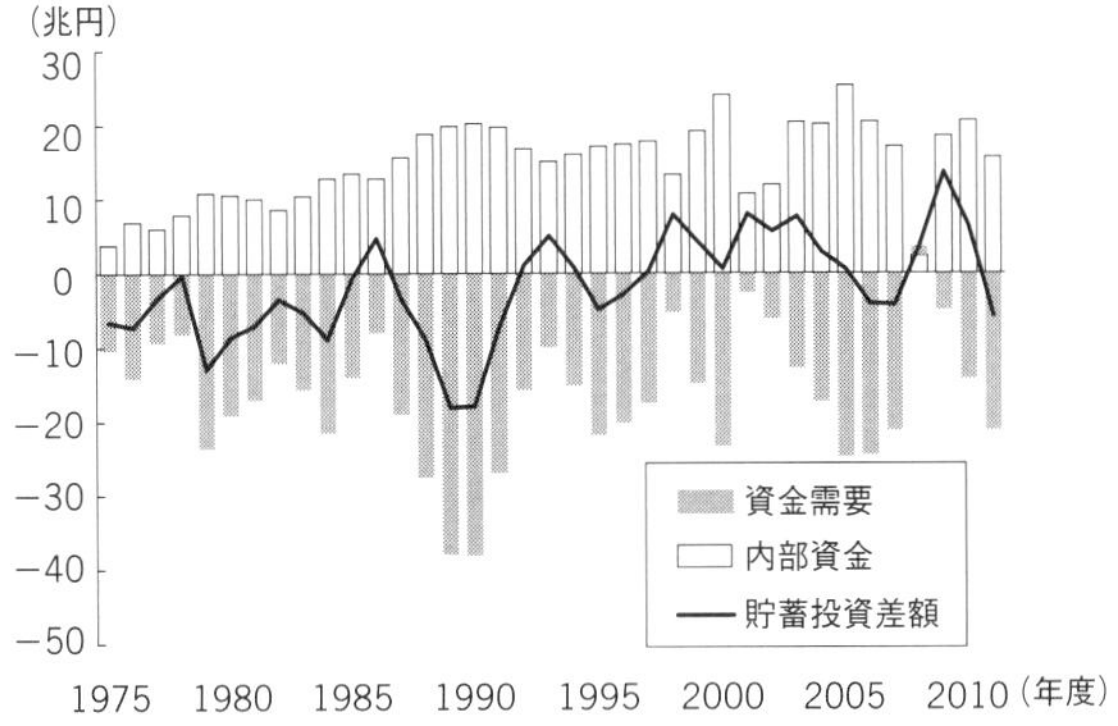

非製造業

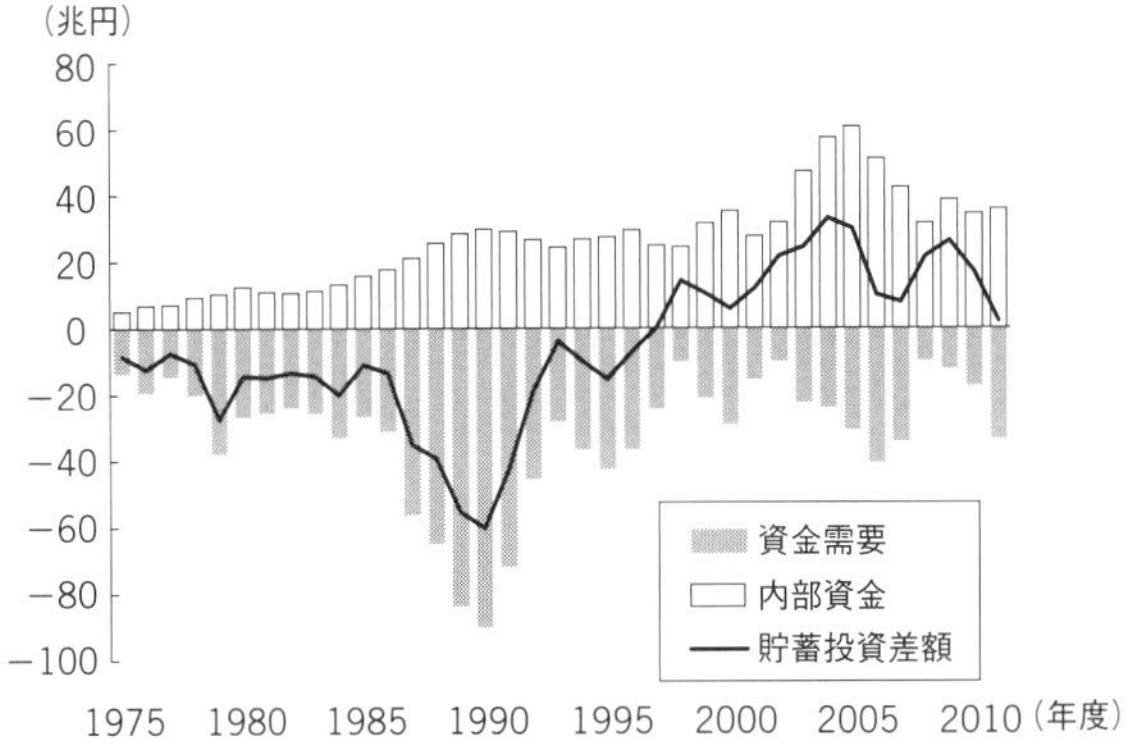

(出所) 財務省「法人企業統計」より作成

図表4-12　業種別の貯蓄投資差額：変化と水準

変化（1990→2010年の改善幅）

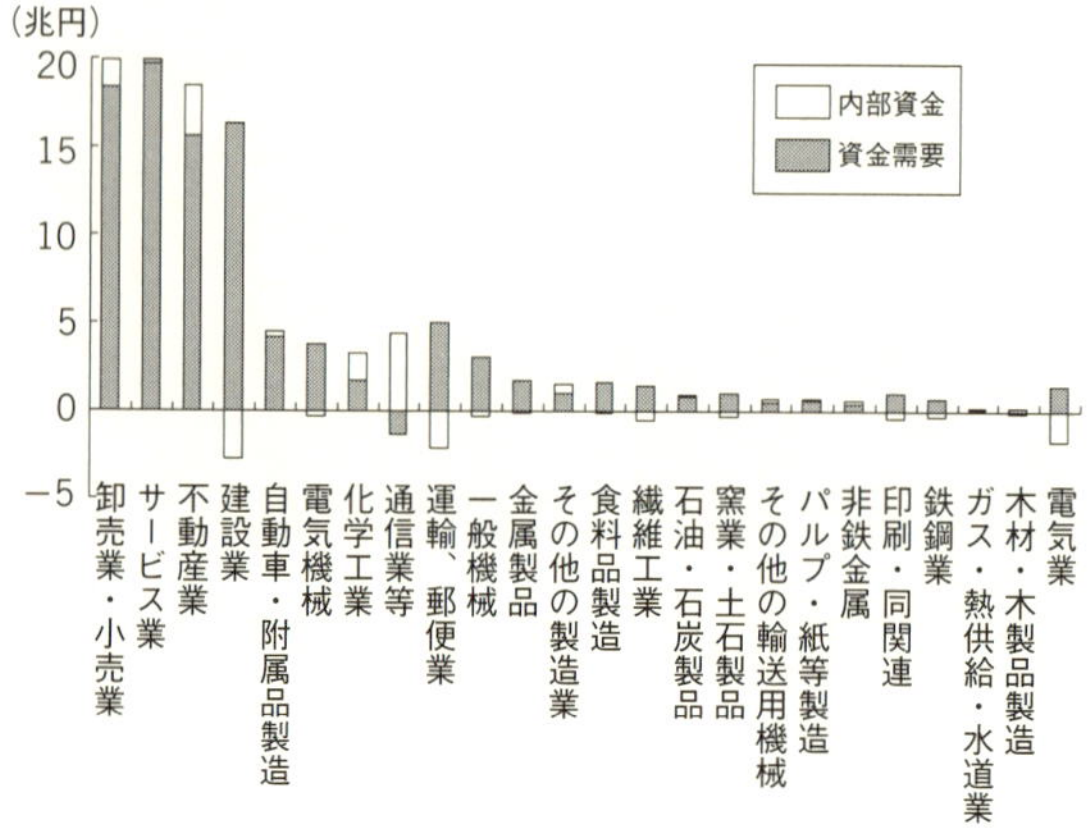

水準（2005年以降の平均）

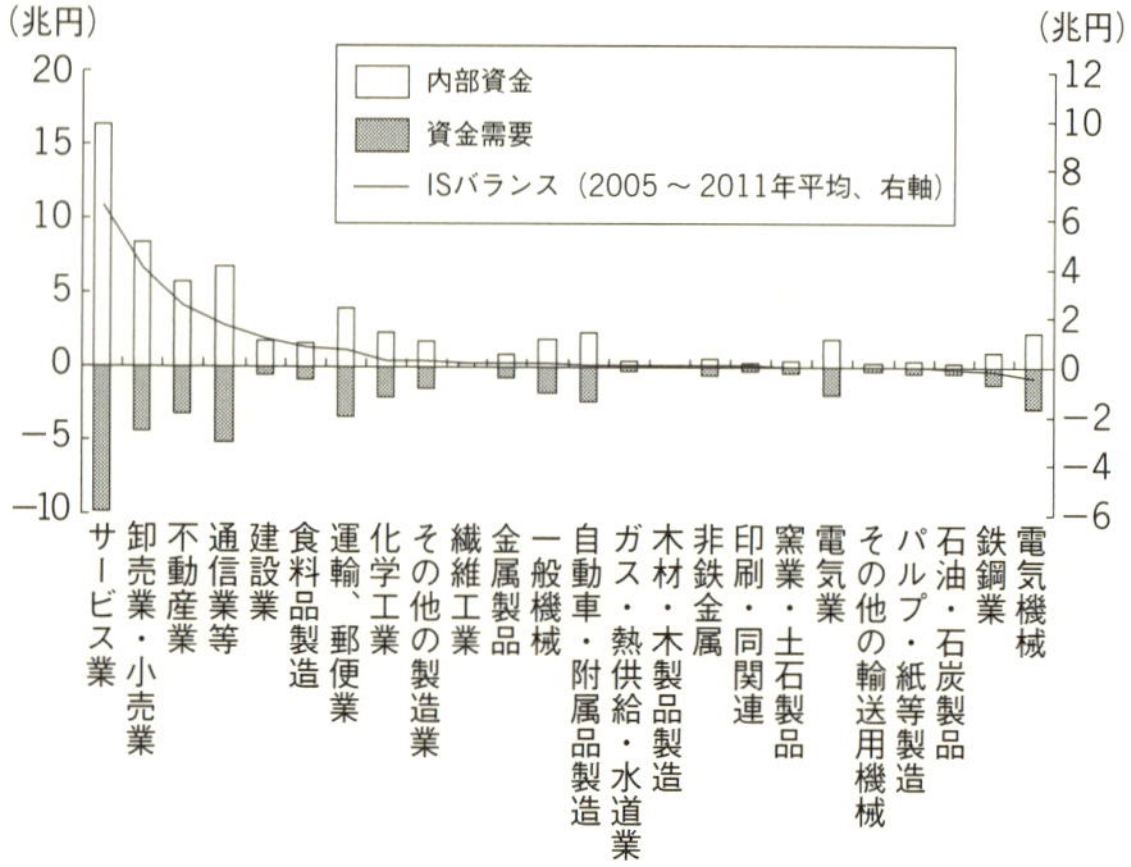

（出所）財務省「法人企業統計」より作成

なお、〝変化〟だけでなく、近年の高い貯蓄超過の〝水準〟を支えている業種も、上位の顔ぶれはほぼ同様である。[11]

以上を総括すると、わが国およびわが国の産業界の貯蓄超過は、バーナンキがいうような「尋常でない」貯蓄の増加によるものではなく、投資が相対的に減退したことが主因である。そして、投資の減退は、かねがね懸念されてきたような製造業を中心とする「空洞化」による国内の資金需要というよりは、バブル期の負の遺産が重くのしかかってきた非製造業の動きを反映したものである。今なお貯蓄超過が続いていることには留意する必要があるが、少なくとも米国の金融バブルが膨らんだ2000年代後半にかけては、バブル期の過剰な投資の反動というわが国固有の避けられない事情であったといえる。

わが国の位置づけ――危機を促したのか、巻き込まれたのか

本章では、世界的な貿易や資本フローの長期的な動向を概観し、金融危機の背景を探る手がかりとなる仮説を整理し、それらを踏まえたうえで日本経済の状況を特に企業部門に焦点を当てて確認した。有力な仮説であるインバランス仮説、流動性仮説のいずれの妥当性が高

いかについては今後の研究の蓄積が待たれるが、いずれも部分的には一定の説得力を持つように思われる。ただし、過去の金融市場の動きなどを振り返って総合的に判断すると、流動性仮説に分がありそうである。

世界的な貿易、資本フローにおけるわが国のプレゼンスは相対的に下がってきていること、また流動性仮説が重視するグロスの資本フローにおいて特にわが国の存在感は薄いことを鑑みると、今回のグローバル金融危機においてわが国が〝主犯〟としての役割を果たしたとは考えにくい。世界的に進んだ流れに沿う形で、巻き込まれたという構図が実態に近いように思われる。これは視点を変えて、以下のようなわが国についての観察事実からもうかがわれることである。

もしバーナンキらのインバランス仮説が正しいなら、グローバル金融危機の原因となったのは中国などの過剰な経常黒字、あるいはそれと裏腹の関係にある過剰な貯蓄（あるいは過少な投資）であり、経常黒字を拡大してきた日本も〝共犯〟ぐらいの位置づけにはなる可能性がある。しかし、わが国の輸出の伸びを要因分解すると、各産業内で輸出が増加したことを示す内部効果の寄与が大きかった。これは、基本的に、円相場が先行的に減価トレンドをたどっていたことを自然体で反映したものと考えられる。産業構造の変化による影響を表すシェア効果は相対的に小さく、国全体で輸出ドライブをかけるような意図的な大規模の構造変化を進めたとはいいがたい。

別の角度からのチェックとしてＩＳバランスをみても、貯蓄超過というよりは、投資不足の傾向が強かった。これは基本的に、バブル期の過剰投資の反動などから、非製造業を中心に資金需要の減退が急速に進んだことによるもので、わが国としては避けがたいことであった。このように、経常収支、ＩＳバランスのいずれの角度からみても、米国などから批判を受けるような、グローバル金融危機を積極的に促す要素には乏しかった。

ただし、インバランス仮説も流動性仮説と背反的な関係にあるわけではない。もし、部分的にせよそれが成立し、金融危機を強める方向に作用したのであれば、投資不足を続けてきたわが国も、結果的に一定の寄与をした可能性はある。バブルの負の遺産の解消というやむを得ない事情が背景だったにせよ、そうした問題の解消に手間取り、大幅で長期的な貯蓄超過を続けたといわれれば、必ずしも否定はできない。

また、もし流動性仮説が妥当であり、直接的な米国向け資本フローの当事者としてのわが国のプレゼンスが小さいとしても、世界全体の資本フローに対するわが国の金融緩和の影響は慎重な見極めが必要である。日本は世界に先駆けて金融緩和を進めてきたが、グローバルな過剰流動性の発生メカニズムは十分に解明されていないため、果たした役割もよく分かっていない。

いずれの仮説が正しいかによって、今後の危機を防ぐための処方箋は異なる。インバランス仮説が正しいならば、東アジア諸国などの貯蓄を抑制することなどが必要になり、そのためには将来不安の解消のための年金制度の拡充や、わが国の投資促進などが求められる。一方、流動性仮説が妥当なら、より健全な金融政策の運営や、安易なレバレッジをきかせにくい方向に金融規制を設けていくことなどが重要となる。インバランス仮説、流動性仮説のいずれにおいても金融危機を積極的に促す役割にはなかったわが国としては、客観的な立場から、グローバル金融危機の全体像の正しい把握に努め、今後の施策についての発信に努めていく責務を負っている。

第 5 章

アベノミクスと日本財政を巡る課題

現実の直視から、財政再建は始まる

小黒一正（法政大学経済学部准教授）

アベノミクスの「幻想」が覆う日本経済

2012年12月の総選挙で政権を奪還した自公政権は今、安倍首相の下、「大胆な金融緩和」「機動的な財政出動」「民間投資を喚起する成長戦略」を「3本の矢」とする経済政策、いわゆる「アベノミクス」を推進している。この「3本の矢」のうち、現政権が最も力を入れているのは、1本目の矢である「大胆な金融緩和」である。このため、政府と日銀は2%インフレ目標を明記した共同声明を公表し、日銀は大胆な金融緩和を継続する一方、政府も規制改革などで成長戦略を推進し、協力してデフレ脱却を図る姿勢を明示した。

その結果、現在のところ、アベノミクスに対する市場の期待が先行する形で、円安株高が継続している。このような市場の動きは、政治的に現政権の追い風となることが予想されるが、秋以降の消費増税に関する政治判断を含め、日本の政治経済は課題が山積している。

というのは、急速に進む少子高齢化に伴い、いまや日本の公的債務（対GDP）は200%に達し、第二次大戦の敗戦直後に急激なインフレを招いた戦前のピークを更新しつつあるからである。この原因は、周知のとおり、「高齢化のスピード＞成長率」で、毎年約

1兆円超のスピードで膨張している社会保障費と、恒常的な財政赤字にあり、財政・社会保障改革は喫緊の課題となっている。

このため、２０１２年8月上旬の通常国会では、消費増税を含む「社会保障・税一体改革法案」（以下「消費増税法案」という）が成立した。これにより、消費税率が２０１４年４月に8％、15年10月に10％に引き上げられる可能性が高まってきたが、この消費増税法案は「止血剤」に過ぎず、社会保障費の削減や増税といった追加の「痛み」は不可避である。

というのは、今回の5％増税で調達できる財源は約12兆円（消費税率1％分を約２・５兆円で換算）であるが、毎年1兆円超のスピードで膨張する社会保障費を抑制しないと、今後10年間で社会保障費は約10兆円以上増えるためである。さらに公的債務の急増により、現在約9兆円の利払い費は、金利水準が変わらなくても今後10年間で約8兆円増の約17兆円に膨らむ見込みである。この結果、今回の増税に伴う税収増を考慮しても、財政赤字は現在の約40兆円から今後10年間で50兆円以上に拡大してしまう可能性が高い。

しかし、「2％のインフレが実現できれば、痛みを伴うことなく、日本経済は再生する」という「空気」（ムード）がいまメディアを覆いつつあるが、それは「幻想」である。アベノミクスに対する期待感が高まり、混迷する日本経済に若干の明るさが出てきた中で、このような厳しい指摘を突き付けたくはないが、それが「現実」である。アベノミクスが推進する3本の矢は重要であるが、日本経済を再生するためには、まずはこの「現実」について、多くの国民が認識を深め、自らの立ち位置を俯瞰することが不可欠である。

以下、この点をアトランタ連銀のブラウン氏と南カルフォルニア大学のジョーンズ教授の試算（Braun and Joines, 2011）を参考に考察してみよう。

まず、2％インフレの効果を把握するためには、それが実現しなかったシナリオ（以下「ベース・シナリオ」という）と比較する必要がある。

このため、ブラウン氏らの試算では、ベース・シナリオとして、毎年1兆円超のスピードで膨張する社会保障費を抑制せずに、財政安定化のため、消費税を2017年に一気に引上げる場合、その最終税率は33％になると推計している。また、増税を2017年から2022年に5年遅らせる場合、最終税率は37・5％に上昇すると推計している。33％と37・5％の差は約5％だから、1年の改革先送りで、財政安定化に必要な税率は1％上昇する。これは「改革の先送りコスト」であり、引き上げの時期を遅らせれば遅らせるほど最終税率は上昇することを意味する。なお、米カリフォルニア大学ロサンゼルス校のハンセン教授らは最終税率について35％と推計している。

　これらの研究の共通コンセンサス（合意）は、社会保障費を抑制しない場合、消費税率は25％でも不十分であり、それ以上の税率に引き上げないと財政は持続可能でないことを示唆している。

2％のインフレ実現でも、消費税率は25％を超える

　ところで、ブラウン氏らの研究では、2％のインフレが実現した下での試算も行っており、その場合の最終税率は消費税25・5％になると推計している。

　2％のインフレが実現すると、財政安定化に必要な最終的な消費税率が約7・5％ポイント低下することから、適度なインフレが一定の効果をもつことが分かる。すなわち、デフレ脱却を図り、2％程度のマイルドなインフレを実現することは、金融政策が財政・社会保障改革を側面支援する意味で重要であるが、それでも、最終税率が25％を超えている現実を直視する必要がある。

しかも、この最終税率は、2017年に一気に消費税を引き上げるケースでの試算結果である。実際には、一気に消費税率を引き上げる措置は政治的に難しく、段階的に増税するシナリオが現実的であると考えられる。このため、ブラウン氏らは、財政安定化を図る観点から、以下の包括的改革プランを実施しつつ、消費税を段階的に引き上げ、高齢化のピークが過ぎた段階でその後消費税を引き下げるシナリオについての分析も行っている。

〈包括的改革プラン〉
(1) 2%のインフレ率を実現する。
(2) 高齢者の医療費窓口負担を2割とする。
(3) 年金給付の現役時年収半額保証をはずす。
(4) 政府の経常経費を1%削減する。

包括改革プランの試算結果は図表5－1のとおりである。高齢者の医療費窓口負担を2割としたり、年金給付の現役時年収半額保証をはずす措置は厳しい改革であるが、この図表か

図表5-1 段階的な消費増税の試算結果

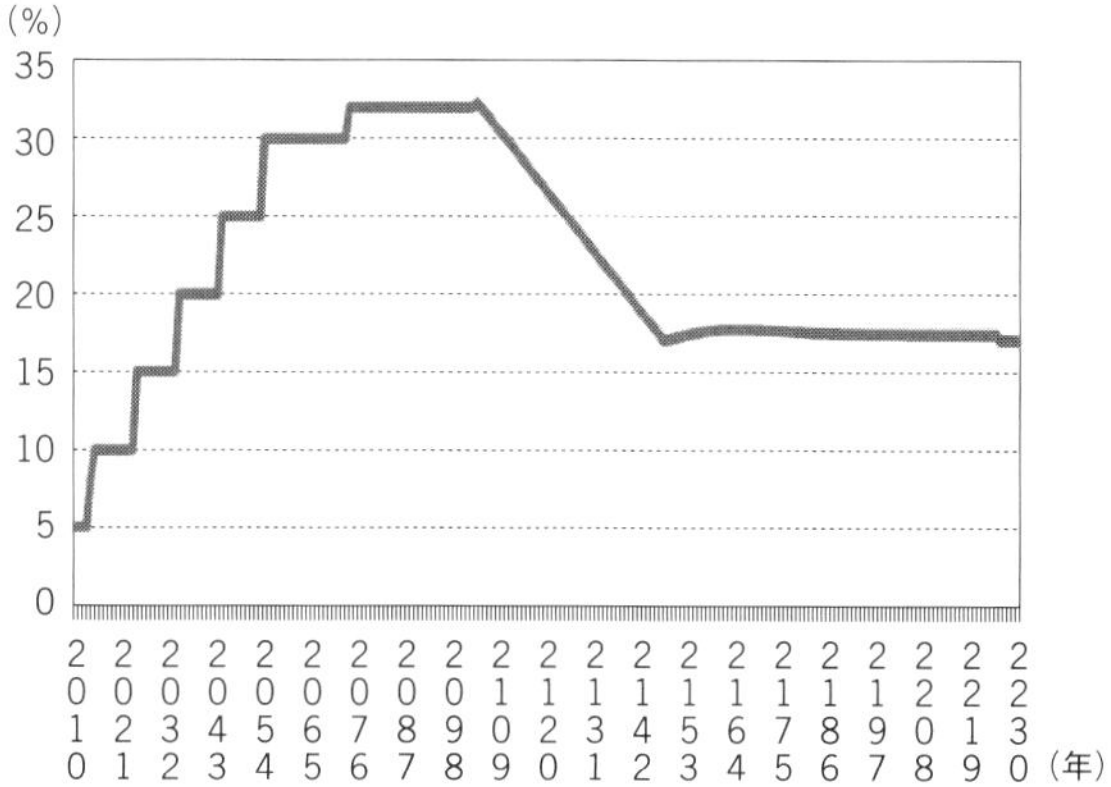

(出所) Braun and Joines (2011):Revisedから抜粋

ら読み取れることは、2%のインフレを実現しつつ、そのような改革を実施しても、ピーク時の消費税率は32%に達する可能性が高いという現実である。

しかも、この32%という消費税率には、食料品等に対する軽減税率は適用していない。このため、もし軽減税率を認める場合には、その税収ロスを補うため、もっと高い税率が必要となるはずである。

以上の試算結果が明らかにするものは、「2%のインフレが実現できれば、痛みを伴うことなく、日本経済は再生する」というムードは「幻想」であり、財政危機を回避するためには、社会保障費の削減や増税といった追加の「痛み」は不可避であるという「現実」である。すなわち、2014年、15年と段階的な増税を行った後も、引き続き、財政・社会保障改革を進めていく必要がある。

市場の期待と長期金利の関係

しかし、1997年の消費税率引き上げから先般の消費増税法案が成立するまで、約15年もの時間がかかっている。これまでの政治の道のりを振り返ると、さらなる財政・社会保障改革を進める政治的コンセンサスを得ることは容易ではない。政治的コンセンサスを得るためには国民の危機感が不可欠であるが、危機感が高まらない理由の一つには、日本の国債金利（長期金利）は、公的債務の増加に反比例するように、低下してきたことが関係している可能性がある。

通常の理論では、公的債務が累増する状況では、国債金利はデフォルト・リスクを織り込み上昇する可能性が高い。実際、欧州域内の国債金利に関する実証分析等において、リスク・プレミアムとして説明可能な金利スプレッドの存在を有意に確認している（例：Manganelli and Wolswijk（2009））。

この実証結果は、直感的にも理解しやすい。内国債・外国債にかかわらず、例えばGDP比で高水準の公的債務や財政赤字を抱える国が存在するものとする。そのとき国債を保有する投資家は、その政府の債務償還あるいは利払いの履行に疑義をもてば（＝デフォルト・リスク）、契約不履行に伴う損失発生に備えて、あらかじめリスク・プレミアムを上乗せした金利を要求する可能性がある。財政状況を表す指標として、公的債務（対GDP）や財政赤字（対GDP）が用いられるのはそのためである。同指標は、リスク・プレミアムの決定要因の一つとして分析され、統計的に有意な結果が確認されている（例：Bernoth. K. et al.(2012)）。

だが、膨大な公的債務を抱える日本の国債金利は、現状では他の先進国よりも低い状況にある。しかも、日本の国債金利（長期金利）は公的債務の増加に反比例するように、低下傾向にある。このメカニズムの説明としては、通常、次の3つの可能性が指摘されることが多い。①日本国債の92％は国内で消化されているため、日本国債のデフォルト・リスクは低い。②欧州の高い付加価値税（例25％）と比較して日本の消費税は低率（5％）であり、日本には財政再建の余地が十分に存在する。このため、国内投資家は日本政府が国債をデフォルトしないと予測している。③国内投資家も海外投資家も、高齢化と人口減少が進む国の経済成長は低水準になると予想しているために日本の国債金利も低下している、といった説明である。

また、金融政策が国債金利に及ぼす影響も重要である。というのは、現在のアベノミクスが進めているように、日銀が量的緩和（Quantitative easing）や資産買入基金枠の拡充を約束（コミットメント）し、国債の買いオペレーションの増加などを市場が予測する場合、長期金利の低下（国債価格の上昇）を促すことができるからである。特に、これまで日銀の買いオペレーションの対象は短期国債を中心に行ってきたが、より長い期間の国債にも拡大していけば、金融政策の「出口戦略」をより難しいものにするものの、金融抑圧（Financial Repression）の一つの手段として、当面の間、国債金利の低下を促進できる可能性がある。

しかし、理論上、国債金利は将来の財政政策に関する「期待」にも依存する。公的債務が累増する中、この関係で重要なのは市場が抱く「財政規律の見通し」や「財政調整ルール」（例：増税・歳出削減・国債デフォルト）である。例えば、国債償還が不可能に陥るリスクが高い場合でも、増税や歳出削減を実施し、財政収支を改善することで、国債のデフォルト

図表5-2 OCED諸国における政府純債務と純利払いの関係

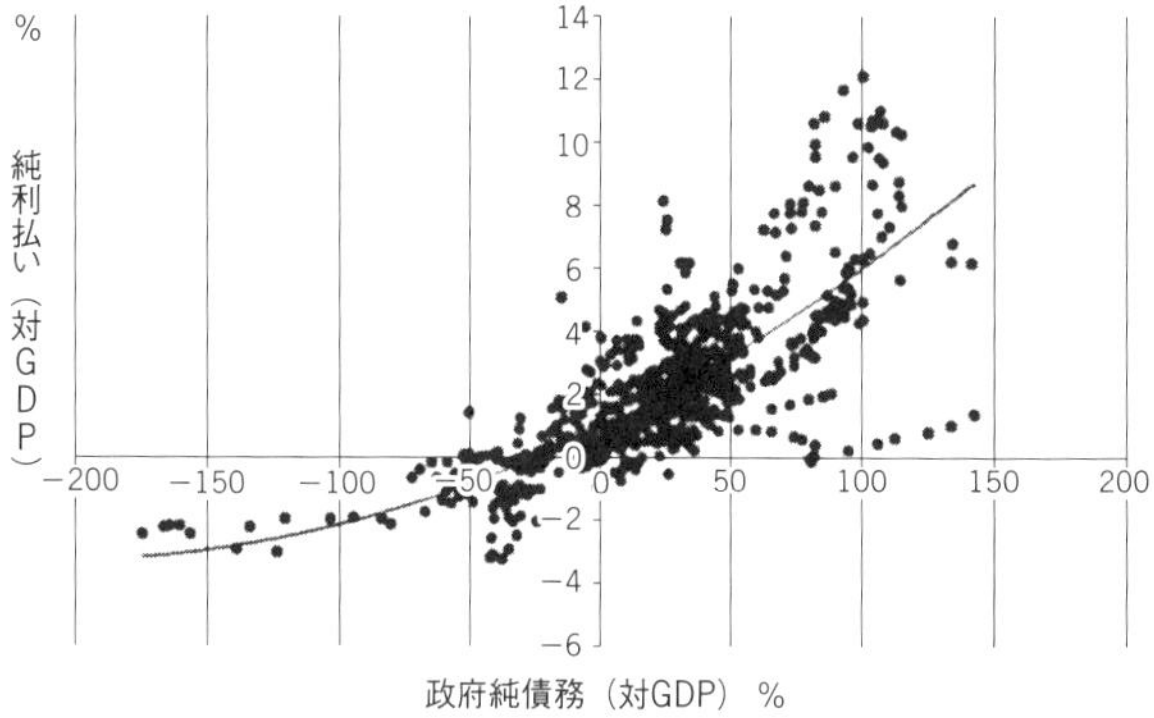

（出所）OECD Statから作成

を回避するシナリオも考えられる。その際、財政が危機に陥った場合の「財政調整ルール」に対する市場の「期待」が金利水準の決定において重要となる。

また、公的債務（対ＧＤＰ）の累増が予測される中、市場が抱く「財政規律の見通し」との関係で、国債金利が急騰する何らかの「閾値」（例：公的債務（対民間資本））が存在する可能性も考えられる。

その場合、市場の期待が急激に変化して国債利回りが一気に高騰し、財政が破綻する危険性がないとは断言できない。[1] これは、政府債務とその利払いの関係が線形でなく、非線形である可能性を示唆する。図表５－２は、ＯＥＣＤ加盟諸国における政府純債務（対ＧＤＰ比）とその純利払い（対ＧＤＰ比）の関係をプロットしたものである。この図には、両者の関係に最もフィットする2次曲線を描いている。この曲線の傾きは右に行くほど大きくなり、政府純債務が膨らむと純利払いがそれ以上のスピードで膨張することを示唆する。

財政危機に陥ったときの政府債務の再構築

では、欧州のＰＩＩＧＳ諸国のように財政危機が深刻化し、国債利回りが高騰した場合、市場が要求する政府債務の再構築の程度はどの程度のものだろうか。それは、政府債務と基礎的財政収支との関係から考えられる。無限の将来において政府債務を発散させないためには、現在から無限の将来にわたる各時点で発生する基礎的財政収支を（1＋国債利回り－経済成長率）で割り引いた値の累計以下に、現在の政府純債務（対ＧＤＰ比）をとどめる必要がある。さらに、政策的に実現可能な基礎的財政黒字（対ＧＤＰ比）の上限値を「基礎的財政収支の限界」（primary balance limit）と定義すれば、

政府純債務（対ＧＤＰ比）

≦基礎的財政収支の限界（対ＧＤＰ比）÷（国債利回り－経済成長率）　(1)

という関係式が成立する。つまり、政府には少なくとも、「現在の政府純債務（対ＧＤＰ比）×（国債利回り－経済成長率）」を上回るだけの基礎的財政黒字を生み出す能力がなければならない。

この(1)式を念頭に置いて、たとえば、政府純債務（対ＧＤＰ比）が約１３０％のギリシャのケースを考えてみよう。国債利回り20％、経済成長率１％とすると、(1)式から、基礎的財政収支の限界（対ＧＤＰ比）は25％を上回る必要がある。つまり、同国政府は、基礎的財政黒字をＧＤＰ比25％まで引き上げる能力を持っていなければならない（ただし、同国政府にその能力があることは財政破綻を回避するための必要条件に過ぎず、十分条件ではない）。しかし、25％という基礎的財政黒字は、通常の増税・歳出削減によって到底達成できる額ではない。そこで、ギリシャ政府がその既発債について50％の削減（haircut）を行って、ＧＤＰ比１３０％の政府純債務を65％まで圧縮するという債務再構築を行うことができたとしよう。このとき、⑴式から、同国政府にはGDP比12％の基礎的財政黒字を実現する能力が求められる。この値でも、達成はかなり厳しい。

同様に、イタリア（政府純債務（対GDP比）90％、国債利回り5％）、スペイン（50％、6％）の場合について考えると、経済成長率が1％の場合、政府にはそれぞれGDP比3・6％、2・5％の基礎的財政黒字を生みだす能力が求められることが分かる。この水準は、ギリシャよりは実現可能であろう。

日本はどうか。日本の政府純債務（対GDP比）は約130％だが、国債利回りを2％、経済成長率を1％とすると、日本政府には少なくともGDP比1・3％まで基礎的財政収支を黒字化する能力が求められる。しかし、前述のように、毎年1兆円超のペースで社会保障費が膨張しており、消費税を10％に引き上げても、基礎的財政収支は2020年度においてもGDP比1・4～2・8％程度の赤字になると試算されている（内閣府、2012年）。したがって、さらなる財政・社会保障改革が必要となる。

さらに、⑴式に含まれている基礎的財政収支の限界は、増税や歳出削減の限界ほか、政治の成熟度や民主主義の理解度の影響も受ける。GDP比1・3％の基礎的財政黒字の達成は今回の増税以上の強い政治のリーダーシップが必要となり、容易に達成できるハードルではなく、状況によっては改革が停滞する可能性も高い。なお、基礎的財政収支の限界をGDP比１％と予測した場合、(1)式を成立させる国債利回りの上限は１・８％となる。また、基礎的財政収支の限界をGDP比０％、２％とした場合は、それぞれ１％、２・５％となる。こうした試算結果は、経済成長率が１％程度の状況の下で、市場の期待が突然変化して国債利回りが現在の水準を少しでも上回ると、日本財政が持続不可能に陥りかねない危険性を示唆する。

国債のリスク・プレミアムが顕在化しない理由は何か

この点に関連して、政府債務をストック・ベースで見ると、海外投資家の国債保有割合は７％程度であり、９割以上は国内で消化されているので問題はないとの楽観論も聞かれる。しかし、フロー・ベースで見ると、最近では短期債を含む政府債務増加分の３～５割は海外投資家が吸収している。国債市場における海外投資家の存在感は高まっており、国債利回りが現在のように低位で推移する保証はない。市場の自己実現的期待から国債利回りが急上昇

図表5-3　過剰債務と国債利回り・成長率との関係

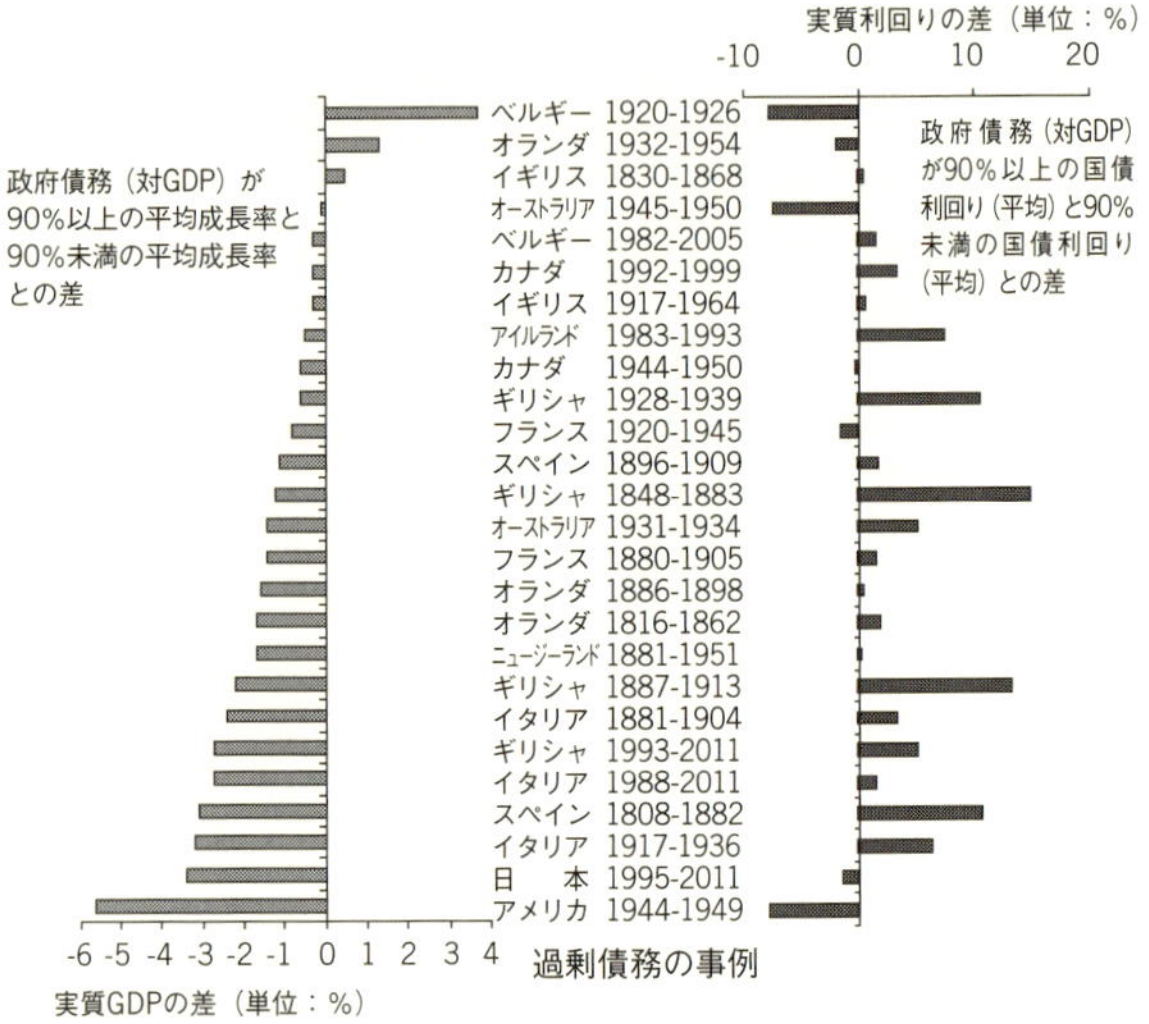

Sources:Authors'calculations based on data sources listed in the Data Appendix.

（出所）Reinhart and Rogoff（2012）

する可能性は十分ある。

また、政府債務が急増して財政破綻リスクが高まると、国債のリスク・プレミアムも上昇するとの見方もある。しかし、ハーバード大学のロゴフ教授らの最近の研究（Reinhart and Rogoff, 2012）では、政府が過剰債務を抱えていた過去26事例のうち、11事例では、国債利回りは過剰債務でない時期と同じ程度の水準か、それより低い状態にあったことを明らかにしている（図表５－３）。ただし、この事実は、政府が過剰債務を抱えても問題がないということを意味しない。彼らの研究が指摘するように、それは、市場が金利上昇という形で政府に財政規律を迫る前に、猶予期間を与えているのに過ぎないのかもしれない。

何らかのショックで市場の期待が変化し、現在１％程度の国債利回りが４～５％に上昇すれば、現在約９兆円の利払い費は４～５倍に膨らむ。政府が抱える国債の平均償還年限（デュレーション）は約７年であるから、利払い費が急に増加することはないものの、財政に与えるインパクトは計り知れない。日本の国債利回りがイタリアやスペインのように５％まで上昇した場合、⑴式より、基礎的財政収支の限界（対ＧＤＰ比）は５・２％を上回る必要がある。これは、財政危機が深刻化しつつあるイタリアやスペインの２・５～３・６％を大幅に上回る水準である。また、２０１２年10月に日銀が公表した「金融システムレポート」によると、長期金利が一律に１％上昇した場合、大手銀行は３・７兆円、地域銀行は３兆円、信用金庫は１・６兆円の評価損が生じるとの試算を明らかにしており、金融システムに及ぼす影響にも留意が必要である。

過剰債務の罠と経済成長の関係

このため、市場が金利上昇という形で政府に財政規律を迫る前に、さらなる財政・社会保障改革を進めていく必要があるが、通常は、「財政・社会保障改革といった財政再建を進めると、経済成長を阻害する」との見方も根強い。しかし、最近では、欧州債務危機の深刻化を受けて、政府債務と経済成長の関係についても欧米を中心に興味深い研究が増えてきている。

この関係で、最も有名なのはハーバード大学のロゴフ教授らの２０１０年の研究（Reinhart and Rogoff, 2010）である。彼らの研究では、日本を含む先進20カ国の１７９０～２００９年におけるデータに基づき、政府債務（対ＧＤＰ比）と実質ＧＤＰ成長率の関係を分析している。図表５－４は、その結果をまとめたものである。実質ＧＤＰ成長率の平均値は、政府債務（対ＧＤＰ比）が90％未満なら３・０～３・７％だが、90％以上になると１・７％へ大きく低下する。実質ＧＤＰ成長率の中央値についても、同様の傾向が見られる。実質ＧＤＰ成長率の中央値は、政府債務（対ＧＤＰ比）が90％未満なら２・８～３・９％だが、90％以

図表5-4 政府債務（対GDP）と実質GDP成長率の関係（1970～2009年）

政府債務（対GDP）	30%以下	30−60%	60−90%	90%以上
平均値	3.7%	3.0%	3.4%	1.7%
中央値	3.9%	3.1%	2.8%	1.9%
観測数	866	654	445	352

（出所）Reinhart and Rogoff（2010）より筆者作成

上になると1・9%へと大きく低下する。このように、政府債務（対GDP比）の90%が閾値となっている。

また、この研究では先進20カ国の1946～2009年（半世紀分）に限った場合についても分析している。その場合でも、政府債務（GDP比）の90%が閾値となっており、政府債務の規模がそれを上回ると実質GDP成長率の平均値は約4%ポイント、中央値は1%ポイント低下することを示している。このように、「政府債務のGDP比が閾値90%を上回れば、経済成長率が大きく低下する」という仮説は「ロゴフ仮説」と呼ばれ、最近ではこの仮説をめぐる研究が活発に進められている。

このような状況の中、マサチューセッツ大学の大学院生トーマス・ハーンドン氏と指導教官がロゴフ教授らの論文を検証し、計算ミスを発見したことが2013年4月頃に話題となった。このため、ロゴフ仮説が完全に否定されたかのような印象を与える報道も多いが、計算

図表5-5　政府債務と経済成長との関係

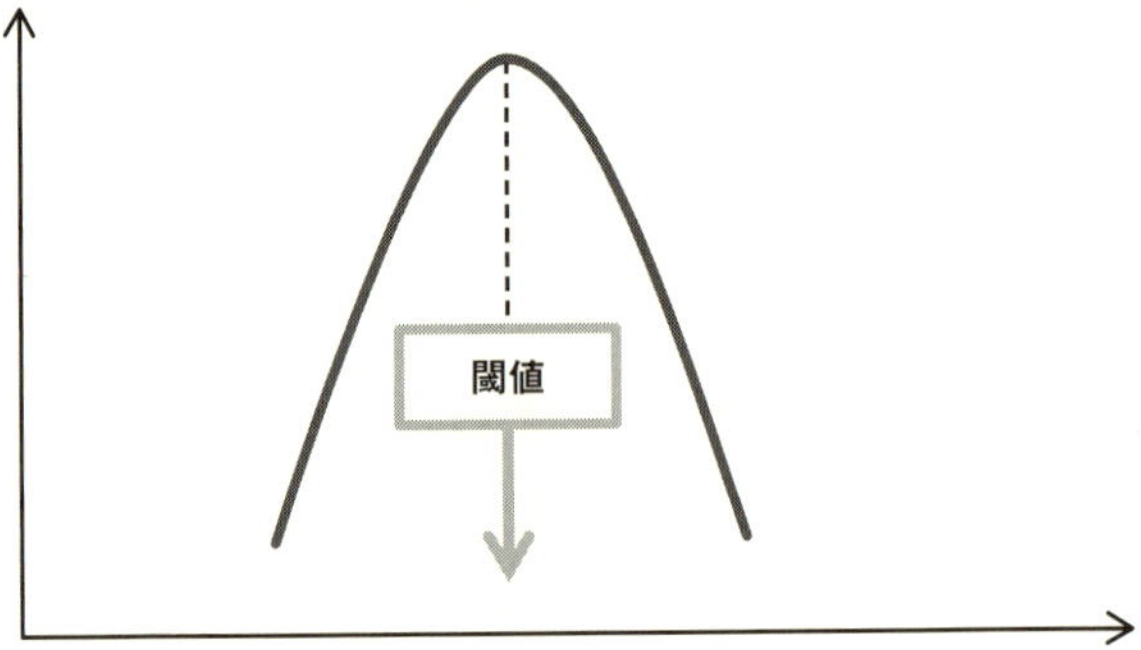

(出所) Reinhart and Rogoff (2012)

ミスを修正した場合でもロゴフ教授らの主張の根幹が揺らぐと断定するのは早計である。

というのは、ロゴフ教授らの主張を裏付ける他の研究成果として、欧州中央銀行(ECB)の研究(Checherita and Rother, 2010)なども存在するためである。彼らはロゴフ仮説を念頭に、欧州域内の12カ国の1970～2011年におけるデータを用いて、政府債務(GDP比)と経済成長率の関係を分析している。詳細は補論(231ページ)に記載しているが、大雑把に説明すると、彼らは、「1人当たり実質GDPの成長率」と「政府債務(対GDP)」の関係が、図表5－5のような上に凸の放物線の関係にあると仮定して分析を行っている。

「1人当たり実質GDP成長率」と「政府債務（対GDP）」の関係が、この図表のような関係にある場合、1人当たり実質GDPの成長率は、政府債務（GDP比）が閾値をとるまでは政府債務の増加に応じて上昇し、この閾値を超えると低下することになるが、精緻な実証分析の結果、1人当たり実質GDP成長率が上昇から低下に転じる政府債務（対GDP）の閾値は98・2〜104・5％であることを導いている。これは、ロゴフ仮説が想定する閾値90％に近い値である。

以上の結果は、「財政再建」と「成長促進」という2つの政策目標の追求に対して重要な示唆を与えている。財政再建と成長戦略はトレード・オフの関係にあるとの指摘が多いが、過剰な政府債務は経済成長を低下させる可能性がある。日本の政府債務（グロス・ベース）はGDPの200％に達していることから、ロゴフ仮説の閾値90％をはるかに超えており、ロゴフ仮説の妥当性を含め、過剰債務が経済成長を低下させる影響についても議論を深める必要がある

金融政策の出口戦略をどうするか

ところで、アベノミクスで推進する2％インフレ目標との関係では、デフレ脱却や成長戦略が成功し、金利が正常化していく過程での「金融政策の出口戦略」のあり方についても、いまから十分な議論を行っておく必要がある。

この議論は「貨幣数量説」（quantity theory of money）と深く関係する。貨幣数量説とは「貨幣の数量は物価水準と比例する」とする説で、「マネーストック×貨幣の流通速度＝物価水準×実質GDP」という恒等式で表現される。この「実質GDP」は、厳密には「取引量」であるが、実質GDPで代用するケースが多い。また、「物価水準×実質GDP」は「名目GDP」を意味するが、この恒等式に、「マネーストック」と「マネタリーベース」の関係式（マネーストック＝信用乗数×マネタリーベース）を代入すると、「名目GDP＝貨幣の流通速度×信用乗数×マネタリーベース」という関係式（以下「※式」という）を得る。

その際、日本のケースにおいて、この関係を描いたものが図表5－6である。この図表をみれば明らかであるが、バブル崩壊以前の1990年頃まで、マネタリーベースと名目

図表5-6　マネタリーベースと名目GDPの関係

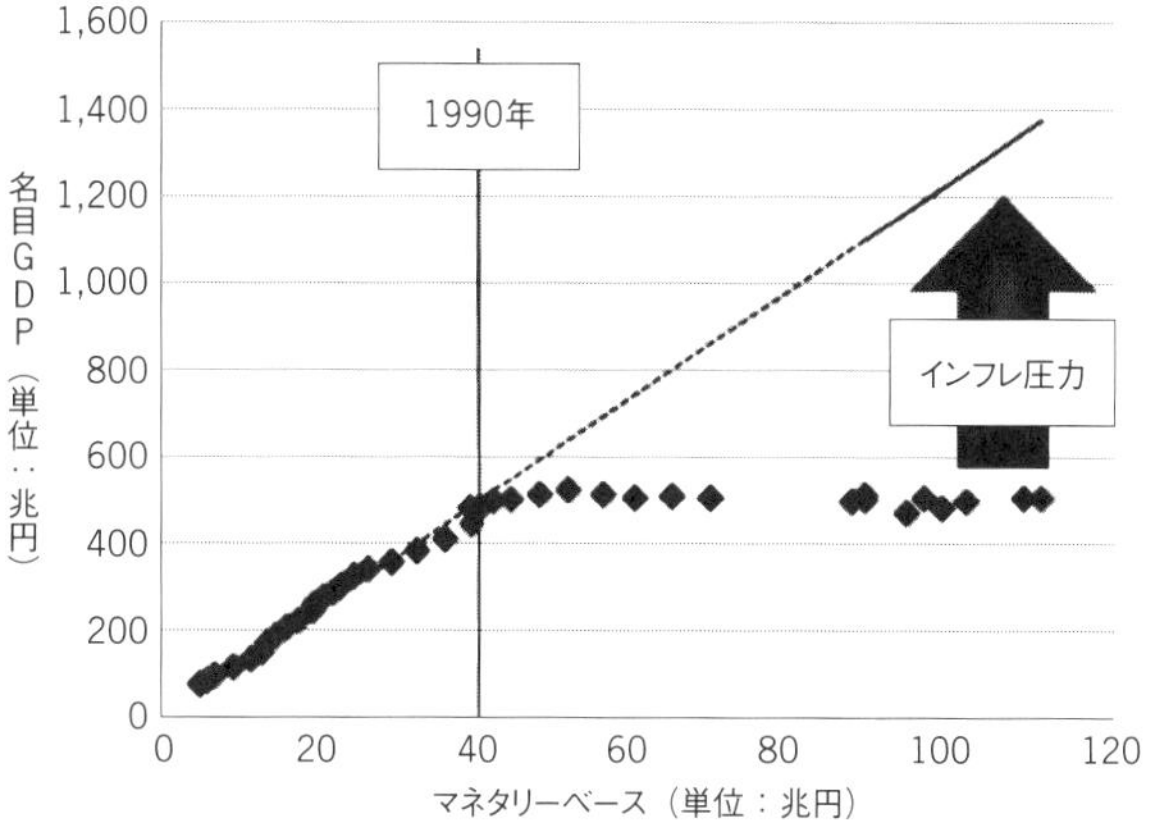

（出所）内閣府「国民経済計算」、日本銀行

ＧＤＰの比率は安定している。例えば１９９０年のマネタリーベースは約40兆円、名目ＧＤＰは約４４０兆円であるが、名目ＧＤＰ÷マネタリーベースの平均値、すなわち※式の「貨幣の流通速度×信用乗数」の平均値は約12であった。[2]

だが、バブル崩壊以降（90年以降）はその関係が崩れている。例えば２０１２年のマネタリーベースは１２０兆円程度であったものの、名目ＧＤＰは約４７５兆円に過ぎなかった。その理由は、貨幣の流通速度などが金利の関数であるからである。ゼロ金利に近い現在の日本のような状態では、この値は低下する。その結果、日銀がマネタリーベースを増やしても、貨幣数量説が成立せず、物価が上昇しない状況に陥っているのである。２０１３年1月のマネタリーベースは１３１兆円であるが、この状況は暫く変わらないだろう。

ただ、金利が正常化していく過程では話は変わってくる。その場合、貨幣数量説が復活し、※式の「貨幣の流通速度×信用乗数」の値が、徐々に通常の約12に近くなっていくはずである。

このとき、マネタリーベースが１２０兆円であるケースでは、※式から、名目ＧＤＰは１４４０兆円である必要があるが、実質ＧＤＰがあまり変化しない場合、「名目ＧＤＰ＝実質ＧＤＰ×物価水準」であるから、物価水準が3倍（＝１４４０兆円÷４７５兆円）に上昇していく必要があり、そのようなインフレ圧力が徐々に顕在化していくリスクがある。

このような状況で、日銀がインフレを制御するためには、いま市場に大量に供給している日銀券を回収し、マネタリーベースを適切な規模に縮小する必要があり、この方法は大きく2つある。1つは、準備預金の金利を引き上げる方法であり、もう1つは国債の売りオペレーションである。ただ、どちらも金利の上昇を招く可能性がある手段であるから、公的債務（対ＧＤＰ）が２００％にも達し、多くの国債を銀行等の金融機関が保有する日本では、長期金利（金利の期間構造を含む）や金融システムに及ぼす影響との関係で慎重な対応が必要であり、そう容易ではない可能性がある。

インフレ圧力が高まれば長期金利（名目）も上昇していくが、財政との関係では、長期金利の２％上昇までは想定の範囲内（例：財務省「平成24年度予算の後年度歳出・歳入の影響試算」）であるものの、インフレ圧力で、それが３％を超えてくるような場合、利払い費の急増を抑制する必要がある。

しかし、このような場合、金融政策の出口戦略は相当の困難を伴い、インフレを十分に制御できないリスクが顕在化するケースも出てくる可能性がある。以下ではその理由をもう少し詳しく考察してみよう。

「池の中の鯨」となった日銀

まず、日本銀行は２０１３年４月４日の政策委員会・金融政策決定会合において、「「量的・質的金融緩和」の導入について」（以下「政策文書」と呼ぶ）という政策方針を公表し、マネタリーベースを２０１３年末に２００兆円（うち長期国債１４０兆円）、２０１４年末に２７０兆円（うち長期国債１９０兆円）にすることを決定した――マネタリーベースの２０１２年末実績は１３８兆円（うち長期国債89兆円）。この政策文書の「１・⑴②長期国債買入れの拡大と年限長期化」は、以下の方針を示している。

「イールドカーブ全体の金利低下を促す観点から、長期国債の保有残高が年間約50兆円に相当するペースで増加するよう買入れを行う。また、長期国債の買入れ対象を40年債を含む全ゾーンの国債としたうえで、買入れの平均残存期間を、現状の3年弱から国債発行残高の平均並みの7年程度に延長する」

このため、日銀は大量の長期国債を市場から買い入れる方針である。２０１２年末に日銀が抱える長期国債は89兆円であるが、これをネットで毎年50兆円ずつ拡大し、２０１３年末に１４０兆円、２０１４年末に１９０兆円とする。その際、日銀は市場からグロスで毎年約80兆円の国債を買い入れる必要がある。

というのは、日銀が抱える現在の長期国債（89兆円）の平均残存期間（デュレーション）は約3年であり、毎年約30兆円（＝89÷3）が償還となるからである。厳密には、この償還分がすぐに現金償還されることはなく、いったん、財務省が発行する1年物の割引短期国債に乗り換えられる。だが、この割引短期国債も1年後に現金償還されるのが通例であることから、最終的に現金償還されるのには変わりない。

このため、長期国債をネットで50兆円拡大するには、日銀はグロスで約80兆円（＝50＋30）を買い入れる必要がある。上記の政策文書で、日銀が「毎月の長期国債のグロスの買入れ額は7兆円強」（年間で84兆円）と記載しているのは、これが理由である。[3]

この日銀のグロスで84兆円の買い入れが国債市場に及ぼす影響は大きい。財務省が２０１３年1月29日に公表した国債発行計画によると、長期国債の市中発行額は約１２７兆円（＝国債の市中発行額１５６・６兆円から短期国債30兆円を除いた値）。日銀は市中発行額の約70％（＝84÷１２７）も買い入れることになる。

この状況を指して、「『池の中の鯨』となった日銀」という表現が一時メディアを駆け巡った。当初は長期金利の乱高下を招いたことから、国債市場でサーキット・ブレーカーが数回発動された。また、国債の流動性が低下し、長期金利の価格形成メカニズムに歪みが発生することを懸念する声も多い。

しかし、問題の本質はこの部分ではない。2014年末に、日銀が抱える長期国債の残高190兆円、平均残存期間が約7年になったとしよう。それ以降、日銀が抱える長期国債の拡大スピードや、それに必要となる長期国債の買い入れボリュームをどう変化させていくかが真の問題となる。

想定される方向性の1つは、2015年以降、日銀が抱える長期国債のボリューム（190兆円）や平均残存期間（7年）を維持するものだ。この場合、毎年、約27兆円（＝190兆円÷7年）の長期国債が償還されるので、長期国債のボリューム（190兆円）を維持するには、日銀は市場から約27兆円の買い入れ（グロス）を行えば十分である。しかし、2013〜2014年に、日銀が約84兆円もの長期国債を市場から買い入れ（グロス）ていた状況を一転させ、突然、買入額（グロス）を27兆円に縮小すると、長期金利の上昇を含め、国債市場に大きな影響を及ぼす可能性がある。

図表5-7　長期金利（10年国債利回り）の推移

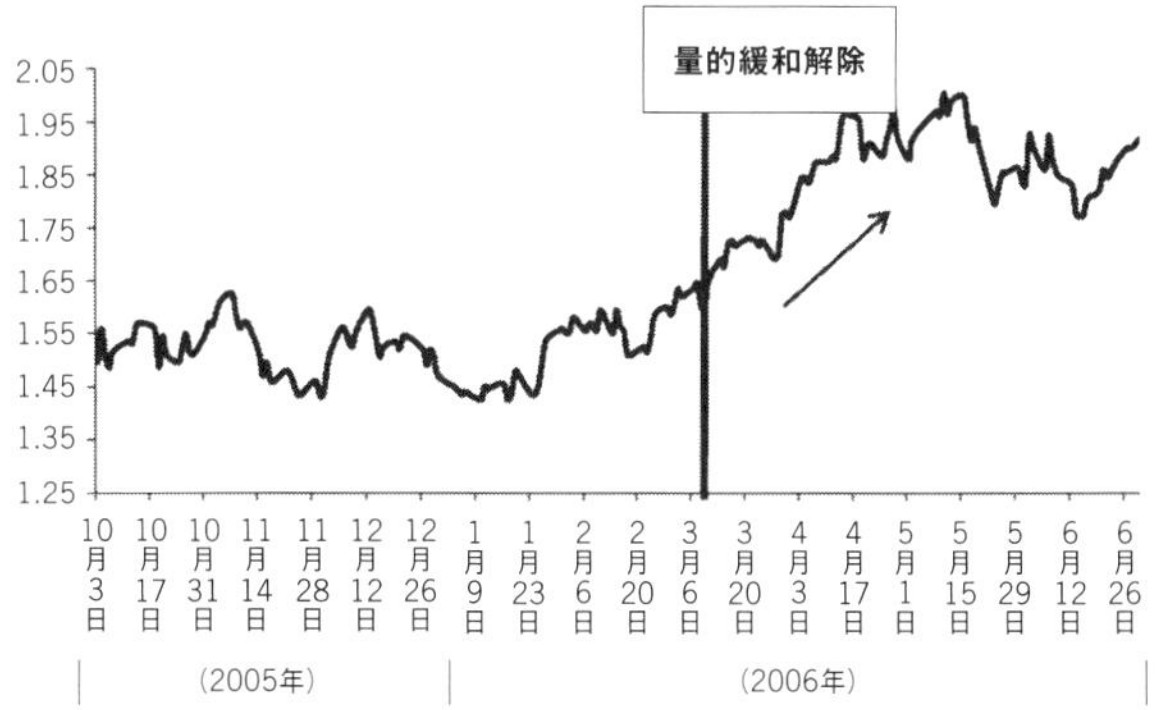

（出所）日本相互証券

２００６年の量的緩和解除が与える教訓

この点で参考になるのは、２００６年における量的緩和の解除である。ＩＴバブル崩壊に端を発した景気後退からの回復を支援する観点から、日銀は２００１年３月から量的緩和を導入していた。２００６年３月に、それを解除したのである。この時、当然、日銀は長期国債の買い入れボリュームを徐々に減少させた。その際、図表５－７のように、長期金利（10年国債利回り）が一時的に上昇した。この上昇分のすべてが、量的緩和解除の影響とは断定できないが、長期金利に一定の影響を与えた可能性は否定できない。

では、２００６年の量的緩和解除で、日銀は長

図表5-8　2006年の量的緩和解除と日銀が抱える長期国債の残高推移

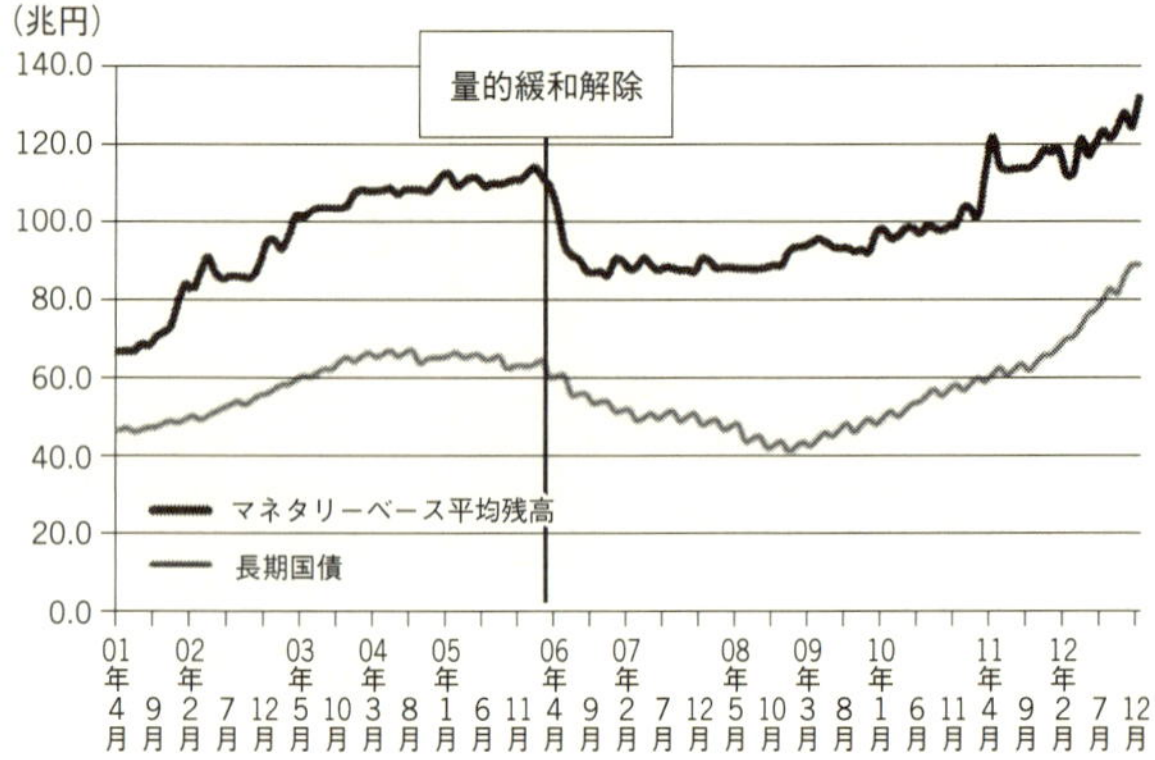

（出所）日本銀行

期国債の買い入れ（グロス）をどのくらい減少させたのであろうか。それは、図表5−8から読み取ることができる。日銀が解除前（2006年2月）に抱えていた長期国債が約65兆円、解除後、リーマンショック前の2008年8月が約45兆円である。従って、この約2年半における長期国債の減少幅（ネット）は約20兆円である。すなわち、1年間当たりで見た長期国債のネット減少額は約8兆円（＝20兆円÷2・5年）となる。

この当時の長期国債の平均残存期間は約3年で、毎年の償還は約22兆円（＝65兆円÷3年）であるはずなので、解除後の買い入れ（グロス）は毎年約14兆円（＝22兆円−8兆円）と概算できる①。

他方、２００３〜２００５年の3年間で、日銀が抱えていた長期国債は約65兆円で概ね一定であったから、解除前の買い入れ（グロス）は毎年約22兆円であったはずである②。①と②から、２００６年の量的緩和の解除で、日銀は長期国債の買い入れ（グロス）を毎年約8兆円ずつ減少させていく方針をとったことを意味する。[4]

２０１５年以降も、日銀は国債買入を急にはやめられない

このため、２０１４年末に１９０兆円の長期国債を抱えた日銀が取り得る現実的な方向性として想定されるのは、日銀が買い入れる長期国債のボリューム（グロス）を、例えば毎年、10兆円ずつ減少させていくというものである。この場合、日銀の買入額（グロス）は、２０１５年に約74兆円、２０１６年に64兆円といった具合に減少していく。

この時、２０１５年において日銀が抱える平均残存期間（デュレーション）が7年であると、償還分は27兆円（＝１９０÷７）に過ぎないから、日銀が抱える長期国債はネットで47兆円（＝74－27兆円）増加し、２３７兆円（＝１９０＋47）になる。このような膨張は、

2016年以降も続き、日銀が抱える長期国債の平均残存期間（デュレーション）が7年で変わらない場合、そのイメージを試算すると、図表5－9の上段のようになる。この場合、ピーク時の2018年に保有する長期国債は286兆円にも達する可能性がある。

また、図表5－9の下段は、日銀が買い入れ（グロス）を行う長期国債のボリュームを、毎年5兆円ずつ減少させていく場合のイメージである。この場合、日銀のバランスシートは急速に膨張していき、ピーク時の2020年に保有する長期国債は347兆円に達する可能性がある。

このような状況で、金利が正常化し、貨幣数量説が復活する場合、日銀はインフレ圧力を抑制するため、バランスシートに抱える長期国債のボリュームを減少させ、異次元緩和で膨張させたマネタリーベースを縮小させていく必要がある。しかし、日銀が国債市場に大きな影響を与えないよう配慮し、国債の買入額を大幅に減少させることができなければ、日銀はインフレを制御できない状況に追い込まれる可能性が高くなる。金融政策の出口戦略は容易でないことが理解できるはずである。

このため、いまからでも、財政・社会保障の抜本改革との整合性を含め、金融政策の出口

図表5-9　日銀が抱える長期国債の予測（簡易試算）

(1)　長期国債の買い入れを毎年10兆円減少させるケース　（兆円）

年	日銀が抱える長期国債	長期国債の買い入れ（グロス）	国債の償還
2014	190	84	—
2015	237	74	27
2016	267	64	34
2017	283	54	38
2018	286	44	40
2019	280	34	41
2020	264	24	40
2021	240	14	38
2022	210	4	34

(2)　長期国債の買入れを毎年5兆円減少させるケース　（兆円）

年	日銀が抱える長期国債	長期国債の買い入れ（グロス）	国債の償還
2014	190	84	—
2015	242	79	27
2016	281	74	35
2017	310	69	40
2018	330	64	44
2019	342	59	47
2020	347	54	49
2021	346	49	50
2022	341	44	49

（出所）筆者作成

戦略をどうするのか、十分な対策を練っておく必要がある。

いま最も政治に求められる役割は何か

以上の議論を踏まえると、アベノミクスの「3本の矢」である「大胆な金融緩和」「機動的な財政出動」「民間投資を喚起する成長戦略」のうち2本目の矢である「機動的な財政出動」は、早々、「財政・社会保障の抜本改革」に転換し、そのダメージを適切な金融政策や成長戦略で側面支援していくことが求められる。

その際、財政・社会保障の抜本改革で、政治が国民に提示すべき主な選択肢は「高福祉・高負担」「低福祉・低負担」「中福祉・中負担」の3つである。だが、抜本的な財政・社会保障改革が現実味を帯びないのは、政治が社会保障の全体の枠組み（給付と負担）の選択を常に避ける傾向が強く、メディアなどの関心がすぐに「細部」の議論に向かってしまうからである。

戦略ミスは戦術では挽回できない。細部に関する議論が精緻でも全体の枠組みに関する議論が不十分で、現在のように社会保障の給付水準が負担を上回る状況のままでは、最終的に改革が破綻するのは避けられないであろう。

むしろ改革議論で重要なのは「議論の順番」である。すなわち、年金の制度設計などの細部の議論よりも、「給付水準と同レベルの負担」を前提に、まずは給付水準と負担をセットで全体の枠組みを議論する必要がある。若干粗い議論であっても、最初に全体の枠組み、続いて細部という順番で議論を進め、社会保障の給付水準（＝負担）をどのレベルに設定するのかを最初に決定するのが望ましい。

その際、全体の枠組み議論の出発点となるのは、社会保障費を抑制しない「高福祉・高負担」のケースである。これは現在、年金・医療・介護等の改革像を検討している「社会保障制度改革国民会議」では議論されていないテーマであり、首相や財務相などがメンバーで、経済財政の司令塔である「経済財政諮問会議」での議論が不可欠である。

そこで、与党・政府は、財政安定に必要となる最終的な負担の姿について、最終税率が約30％になる可能性も含め、公式に試算して国民に明らかにする義務がある。

その上で、今回の5％以上の増税を望まない「低福祉・低負担」のケースを選択肢として検討するのであれば、財政安定に必要となる最終的な歳出削減の幅の試算についても公表する必要がある。若干粗い試算では最終的に、消費税率約20％分に相当する50兆円程度の歳出削減をする必要があると考えられる。毎年1兆円超のスピードで膨張する社会保障費との関係から、大部分は社会保障費の削減で達成しなければならない。

現在、年金・医療・介護などの社会保障給付（100兆円）については、うち約60兆円を保険料収入で賄い、不足分の約40兆円を公費で賄っている。この公費の相当割合を削減するといった極めて厳しい給付削減となるであろう。

このため「高福祉・高負担」「低福祉・低負担」のどちらも望ましくないと判断されれば、残る選択肢は中間の「中福祉・中負担」しかない。

その場合でも消費税率は20％超となる可能性が高い。欧州の付加価値税の平均は20％で、スウェーデンは25％、英国、フランス、ドイツは約20％である。仮に、本来最終税率は30％とすべきなのに、実現可能な消費税率の上限を25％とすると、今回の増税に加え、15年以降も消費税換算で15％分の追加増税を実施するとともに、消費税率5％分に相当する約12兆円の歳出削減を同時に進める必要がある。

年金支給開始年齢については、欧米の計画（イタリアの69歳、英国の68歳、米国・ドイツの67歳）をみても、引き上げを検討すべきであろう。年金課税の強化、医療・介護保険の自己負担引き上げなど抜本的な社会保障改革を推進し、今後20年の自然増（20兆円超）を約半分に抑制することも検討せざるを得ない。

いずれにせよ、現状は「給付水準＞負担」であり、本当の政治主導とは全体の枠組みを議論し、その選択をすることにある。細部の議論も重要だが、それは最初の議論ではない。全体の枠組みの選択とその強い実行こそが、部分最適かつ縦割りの省庁では担うことができない最も重要な政治の役割であり、日本政治に最も求められている決断である。

その際の選択には、「将来世代の負担の限界も直視し、できるだけ世代内で困った人を困っていない人が助ける」といった「改革の哲学」が重要であることはいうまでもないが、これからの成長の源泉は次世代やそれらに対する投資（例：高等教育や科学技術）であるから、「将来の日本に何を残すのか」という視点も忘れてはならない。

図表2　政府債務（対GDP）の閾値

FE models	Annual growth rate		Cumulative 5 year overlapping growth model		Cumulative 5 year non-overlapping growth model	
Variables	model 1	model 2	model 3	model 4	model 5	model 6
gov_debt	0.1198***	0.1291***	0.5236***	0.4066**	0.6462***	0.5032***
	(.0410)	(.0412)	(.1294)	(.1649)	(.1396)	(.2095)
gov_debt_sq	-0.0006***	-0.0006***	-0.0025***	-0.0020***	-0.0031***	-0.0026**
	(.0001)	(.0002)	(.0006)	(.0008)	(.0007)	(.0011)
debt turning point	97.8	103.1	104.5	99.9	104.6	98.2

（　）内の数字は標準誤差。***p < 0.001, **p < 0.05

（出所）Checherita and Rother（2010）から抜粋

以上の関係を想定して、彼ら（Checherita and Rother, 2010)が分析した結果の一部を示したものが図表2である。"gov_debt"の係数が（1）式のα、"gov_debt_sq"の係数がβを示す。詳しい説明は省略するが、彼らは推計の頑健性をチェックするため、6つのモデル（model 1－6）を推計している。このうち、model 1の結果を見てみよう。"gov_debt"の係数が0.1198、"gov_debt_sq"の値が－0.0006なので、1人当り実質GDP成長率と政府債務（対GDP）の関係は、図表1に示した放物線で表現できる。

そこで、閾値$-\alpha/(2\beta)$を計算すると、図表2のdebt turning pointの欄に記されているように、97.8となる。これは、政府債務がGDP比97.8％以上になると、1人当り実質GDP成長率が上昇から低下に転ずることを意味する。97.8％という値は、ロゴフ仮説が想定する閾値90％に近い。同様に、model 2からmodel 6の推計結果を見ると、1人当り実質GDP成長率が上昇から低下に転じる政府債務（対GDP）の閾値は98.2～104.5％となっている。これらは、いずれも、ロゴフ仮説が想定する閾値90％に近い値である。

第5章　補　論

欧州中央銀行（ECB）の研究（Checherita and Rother, 2010）では、ロゴフ仮説を念頭に、欧州域内の12か国の1970～2011年におけるデータを用いて、政府債務（GDP比）と経済成長率の関係を分析している。具体的には、

1人当り実質GDPの成長率
　＝定数 ＋ α ×〔政府債務（対GDP)〕
　＋ β ×〔政府債務（対GDP)〕^{2} ＋ その他の変数　　(1)

という回帰式を推計している。α がプラス、β がマイナスの値をとった場合、横軸に政府債務（対GDP)、縦軸に1人当り実質GDP成長率をとると、(1) 式は上に凸の放物線で表現できる（図表1)。そして、1人当り実質GDPの成長率は、政府債務（GDP比）が閾値 $-\alpha/(2\beta)$（＞0）をとるまでは政府債務の増加に応じて上昇し、その値を超えると低下する。

図表1　政府債務と経済成長との関係

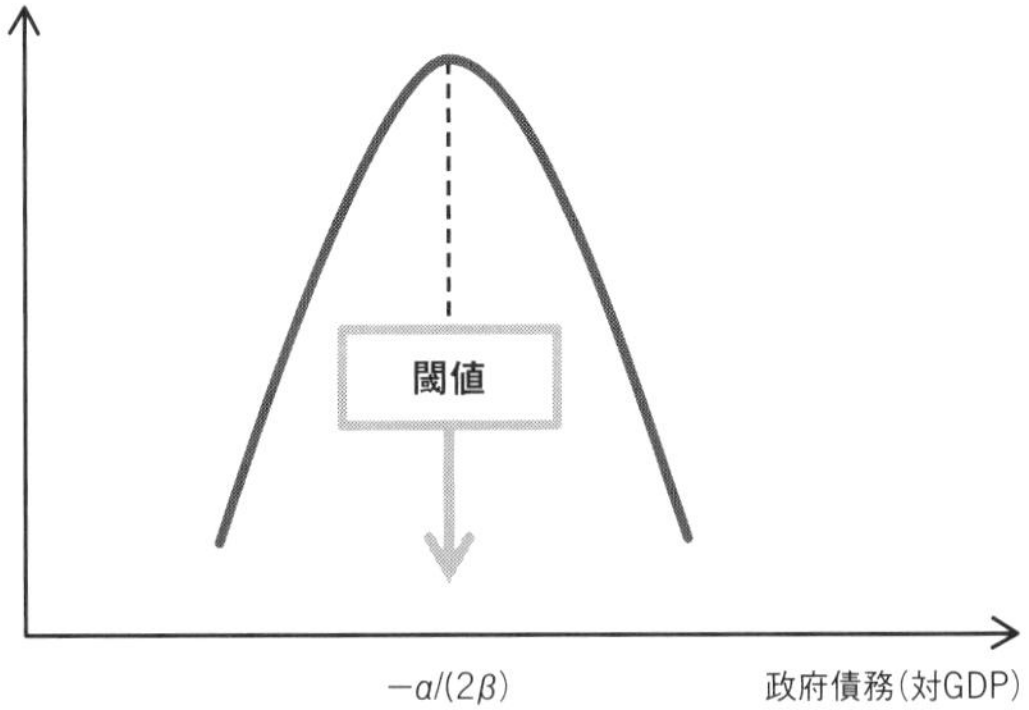

巻末注

第1章

1 McKinsey Global Institute（2010）も参照のこと。

2 日本で預金金利自由化が完了したのは、それよりも10年以上遅れた１９９４年10月である。

3 実際には③の段階は、後述するように、③－Ａヘッジファンドや投資専門会社（ＳＩＶ）が債券に投資を行い、その資金は購入した債券等を担保にしてＭＭＭＦ、年金基金等から短期で調達する（secured funding）、③－Ｂ担保付きの短期の資金運用を行うＭＭＭＦ、年金基金等は、その資金を一般の家計や企業から集める、という2段階になっていた。

4 ここでのヘッジファンドに関する記述については、祝迫（２００９）を参考にした。

5 これに対して、資産価格の上昇率等が過去の実績等を著しく逸脱したものであるようなときには、「事前的にも」一定の金融政策上の対応をとるべきであるという金融政策運営に関する見方は、ＢＩＳビューと呼ばれる。

6 翁邦雄、『日経ビジネス』（2012.10.20, p.30）。

7 テイラー（２００９年）。

8 テイラー・ルールとは、テイラー教授によって発案された、中央銀行の決める政策金利の水準を現実のインフレ率と目標インフレ率との格差、およびGDPギャップで説明する定式化（ルール）のことである。

9 こうした取引を欧州の大手銀行が大規模に行っていたために、金融危機の勃発後に欧州でドル資金不足という事態が真っ先に起こることになった。

10 Rajan（2010）は、このことを世界経済に危機をもたらしかねない断層線の1つだと指摘している。

11 こうした相関関係の成立に関しては、最近、強い疑問も提示されている。この点については、本書の第5章を参照されたい。

12 Gordon（2012）。

13 こうした事情は、Shin（2011）の冒頭に引用されている、あるAnonymous risk managerの次の言葉が端的に示しているといえる。"The value added of a good risk management system is that you can take more risk."（良いリスク管理システムの付加価値は、もっとリスクをとれるということだ。）

14 The Economist, 2013/1/12号の記事。

第3章

1 日経新聞2013年6月2日では2012年度末に52％の上場企業が実質無借金になったと報道さ

れている。

2 2003年にグリーンスパン議長はデフレへの恐怖から一段の金融緩和を行ったが、バーナンキ議長も日本のバランスシート調整の教訓から大幅な金融緩和にともなうドル安策を志向したと考えられる。

3 国家として海外市場をとりあう競争状況にあることを筆者は「新重商主義」として議論し、現代的な形としての世界経済戦争にあるとしてきた。

第4章

1 本章の執筆の過程では、本書の共著者、および経済産業研究所の中島厚志理事長、藤田昌久所長、森川正之理事・副所長、植村修一上席研究員（当時。現・大分県立芸術文化短期大学教授）らから多くの有益なコメントを頂いた。記して感謝したい。ただし、言うまでもなくあり得べき誤りはすべて筆者に属する。また、本章の意見は筆者個人のものであり、所属する組織のものではない。本章の内容は、科学研究費（基盤研究C：22530257）の補助を受けた成果、経済産業研究所での研究活動の成果、および京都大学—三菱総合研究所共同研究（アカデミックイノベーション・マネジメント講座）の成果を活用している。

2 日本については、中国を含むアジア経由で米国に輸出された部分も相当大きいと考えられる。

3　統計上は、政府や中央銀行の外貨資産である外貨準備や、統計作成時の誤差なども考慮する。

4　ＩＳバランスのＩは投資（investment）を、Ｓは貯蓄（saving）を表す。

5　インバランス仮説には、経常収支不均衡の主因として過剰貯蓄を重視する上記のＧＳＧ仮説のほか、中国を中心とする新興国の固定的な為替制度に焦点を当てた「ブレトンウッズⅡ（ＢＷⅡ）」仮説もある（DFG（2003））。これは、中国などの為替管理が、現状をかつてのブレトンウッズ体制に近くしているとみるものであり、管理的な為替制度が経常収支不均衡の背景と考える。

6　正確にいえば、インバランス仮説のなかでも特に過剰貯蓄仮説である。

7　ここでは経常収支の中核をなす貿易収支（純輸出）に注目するが、長期的なトレンドにおいては、対外投資収益の拡大等を反映して、所得収支などが黒字幅を拡大している点は、日本経済の構造変化を考える際には重要である。

8　ＳＮＡの改定（６８ＳＮＡ（90年基準）、９３ＳＮＡ（２０００年基準）、９３ＳＮＡ（２００５年基準））に伴う統計の変更を考慮しても、こうした傾向が成り立つことを確認済みである。

9　ＪＩＰベースとＳＮＡベース（内閣府が作成する国民所得統計などが依拠する統計の方式）の輸出比率の推移を比較すると、水準こそ違うものの（ＳＮＡベースのほうが高い）トレンドはかなり近い動きを示す。

10　ここでの内部効果はさらに、（ａ）輸出の増加、（ｂ）国内向け出荷の減少、に分解することできるが、今回はほとんど（a）で説明がつくことを確認済みである。

11　さらに後藤（2013）では、企業規模別の動向についても分析している。そこで確認された傾向は、特に中小階層において貯蓄不足から超過へと大きな変化があったことである。

第5章

1　実際、これまでも国債市場では「資金運用部ショック」や「VaRショック」があった。

2　同様に、サブプライムショック直前まで、アメリカのマネタリーベースと名目GDPの比率は安定していることが確認できる。

3　これまで日銀は毎月の長期国債のグロスの買入額を4兆円程度としていた。

4　日銀は保有する長期国債を売却することも可能だが、国債市場に及ぼす影響を配慮し、その売却はせず、買入額を減少させることと償還により、保有する長期国債を圧縮した。

5　筆者の改革案は『2020年、日本が破綻する日――危機脱却の再生プラン』（日経プレミアシリーズ）を参照。

引用・参照文献

第1章

Gordon, Robert J. (2012), "Is US economic growth over? Faltering innovation confronts the six headwinds," *CEPR Policy Insight No. 63.*

McKinsey Global Institute (2010), *Farewell to cheap capital? The implications of long-term shifts in global investment and saving,*
http://www.mckinsey.com/insights/mgi/research/financial_markets/farewell_cheap_capital

Rajan, Raghuram G. (2010), *Fault Lines: How Hidden Fractures Still Threaten the World Economy,* Princeton University Press.

Shin, Hyun Song (2010), *Risk and Liquidity,* Oxford University Press.

祝迫得夫（２００９年）、「アメリカ発世界金融危機とヘッジファンド、影の金融システム（Shadow Banking System）」、『ファイナンシャル・レビュー』95号、財務省財務総合政策研究所、pp.119-137。

テイラー、ジョン・B（２０１１年）、『脱線ＦＲＢ』（竹森俊平監修、村井章子訳、日経ＢＰ社）

第2章

池尾和人（２０１２年）「不祥事続き金融界　適正規模への圧縮が急務　実体経済の支援役に 超緩和で成長促進 弊害大」２０１２年８月30日 日本経済新聞 朝刊

翁邦雄（２０１１年）『ポスト・マネタリズムの金融政策』（日本経済新聞出版社）

Blinder, Alan(2004) *The Quiet Revolution,* Yale University Press.（邦訳として、鈴木英明訳（２００８年）、『中央銀行の静かなる革命』日本経済新聞出版社がある）。

Christiano, Lawrence, Cosmin Ilut, Roberto Motto, and Massimo Rostagno(2008). “Monetary Policy and Stock Market Boom-Bust Cycles,” paper presented at the 2008 International Conference on “Frontiers in Monetary Theory and Policy” held at the Institute for Monetary and Economic Studies, Bank of Japan, 2008.

Lawrence Christiano, Cosmin Ilut, Roberto Motto and Massimo Rostagno(2010) “Monetary Policy and Stock Market Booms” Prepared for Macroeconomic Challenges: the Decade Ahead, A Symposium Sponsored by the FederalReserve Bank of Kansas City Jackson Hole, Wyoming August 26 - 28
http://www.kansascityfed.org/publications/research/escp/escp-2010.cfm

Gordon, Robert J.(2012) “Is U.S. Economic Growth Over? Faltering Innovation Confronts The Six

"Headwinds" *NBER Working Paper 18315*

Greenspan, Alan (2007) *The Age of Turbulence: Adventures in a New World* The Penguin Press.（邦訳として、山岡洋一・高遠裕子訳（２００７年）『波乱の時代――わが半生とＦＲＢ』（日本経済新聞出版社）がある）。

Krugman,Paul (2012a) "Rise of the robots"
http://krugman.blogs.nytimes.com/2012/12/08/rise-of-the-robots/

Krugman,Paul (2012b)"Technology and wages the analytics wonkish" http://krugman.blogs.nytimes.com/2012/12/10/technology-and-wages-the-analytics-wonkish/

Krugman,Paul (2012c) "Is growth over ?"
http://krugman.blogs.nytimes.com/2012/12/26/is-growth-over/

Rajan, Raghuram and Luigi Zingales(2003). *Saving Capitalism from the Capitalists: Unleashing the Power of Financial Markets to Create Wealth and Spread Opportunity*. Crown Business.（邦訳として、堀内昭義他訳（２００６年）『セイヴィング・キャピタリズム』慶応義塾大学出版会がある）

Rauh,Joshua (2006) "Investment and Financing Constraints: Evidence from the Funding of Corporate Pension Plans" *The Journal of Finance VoL.LXI February pp.33-71.*

Rauh, Joshua (2009) "Risk Shifting versus Risk Management: Investment Policy in Corporate Pension

Plans" *The Review of Financial Studies VoL.22 n7 pp. 2687 -2633.*

Taylor, John (2012) *First Principles: Five Keys to Restoring America's Prosperity*, Norton

第3章

高田　創（２０１２年）『２０ｘｘ年　世界大恐慌の足音――世界国債バブルに続く本当の危機』（東洋経済新報社）

第4章

岩本武和（２０１０年）「金融危機後のグローバルインバランス」京都大学経済学部講演会（２０１０年11月13日）講演資料

後藤康雄（２０１３年）「わが国企業部門の貯蓄投資差額の変遷――業種別、規模別の分析」『経済のプリズム』参議院事務局（近刊）

福田慎一・松林洋一（２０１３年）「金融危機とグローバル・インバランス」、櫻川・福田編『なぜ金融危機は起こるのか』（東洋経済新報社）

Bernanke, B. (2005) "The Global Saving Glut and the U.S. Current Account Deficit," Remarks at the Sandridge Lecture, Virginia Association of Economists, Richmond, Virginia , March 10

Borio, C. and P. Disyatat (2011) "Global imbalances and the financial crisis: Link or no link?" *BIS Working Papers No 346*.

Dooley, Michael, David Falkerts-Landau, and Peter Garber (2003) "An Essay on the Revised Bretton Woods System," *NBER Working Paper No. 9971*.

Eichengreen, B (2009) "The financial crisis and global policy reforms," FRB San Francisco Asia Economic Policy Conference, October 18-20.

Taylor, J (2008) *Getting off track: How government actions and interventions caused, prolonged, and worsened the financial crisis,* Stanford: Hoover Institution Press.

執筆者略歴

第1章、編者

池尾和人（いけお・かずひと）

慶應義塾大学経済学部教授。1953年生まれ。京都大学経済学部卒。一橋大学大学院経済学研究科博士課程修了。経済学博士（京都大学）。岡山大学経済学部、京都大学経済学部助教授を経て、94年慶應義塾大学経済学部助教授、95年から同教授（現在に至る）。主な著書に、『現代の金融入門〔新版〕』、『連続講義・デフレと経済政策』等がある。

第2章

翁　邦雄（おきな・くにお）

京都大学公共政策大学院教授。1951年生まれ。74年日本銀行入行。同行企画室参事、金融研究所長等を経て09年4月から現職。シカゴ大学Ph.D.。主な著書に『期待と投機の経済分析』（日経図書文化賞受賞）、『ポスト・マネタリズムの金融政策』等がある。

第3章
高田　創（たかた・はじめ）
みずほ総合研究所　常務執行役員　チーフエコノミスト。1958年生、82年東京大学経済学部卒、86年オックスフォード大学修士。82年日本興業銀行入行、その後、11年みずほ証券執行役員チーフストラテジストを経て現職。主な著書に『20XX年世界大恐慌の足音』、『国債暴落』（共著）、『世界国債暴落』（共著）等がある。

第4章
後藤康雄（ごとう・やすお）
三菱総合研究所主席研究員／チーフエコノミスト。1964年生まれ。88年日本銀行入行、97年三菱総合研究所入社。経済産業研究所上席研究員（非常勤）、京都大学特定准教授、金融審議会専門委員などを歴任。京都大学博士（経済学）。主な著書に『アジア通貨危機』（共著）等がある。

第5章
小黒一正（おぐろ・かずまさ）
法政大学経済学部准教授。1974年生まれ。97年大蔵省（現財務省）入省後、財務省財務総合政策

研究所主任研究官、一橋大学経済研究所准教授などを経て、2013年4月から現職。経済学博士。主な著書に『2020年、日本が破綻する日』、『日本破綻を防ぐ2つのプラン』（共著）、『アベノミクスでも消費税は25％を超える』等がある。

21世紀政策研究所（編者）

1997年に経団連により設立された公共政策のシンクタンク。総合戦略、政治・社会、税財政・金融・社会保障、行政改革・規制改革・経済法制、産業・技術、環境・エネルギー、雇用・労働、外交・海外の分野で、わが国経済・社会が当面する課題を取り上げて政策研究を行い、具体的な改革案を提示。

日経プレミアシリーズ｜204

金融《きんゆう》依存《いぞん》の経済《けいざい》はどこへ向《む》かうのか

二〇一三年七月八日　一刷

編者　池尾和人＋21世紀政策研究所

発行者　斎田久夫

発行所　日本経済新聞出版社
http://www.nikkeibook.com/
東京都千代田区大手町一―三―七　〒一〇〇―八〇六六
電話（〇三）三二七〇―〇二五一（代）

装幀　ベターデイズ

印刷・製本　凸版印刷株式会社

ISBN 978-4-532-26204-4　Printed in Japan

日経プレミアシリーズ092

2020年、日本が破綻する日

小黒一正

公的債務が膨らみ続ける日本……。財政は債務超過状態に陥り、破綻の危機が迫る。残された時間は少ない。どんな手を打つべきなのか。気鋭の研究者が、財政危機の現状を詳細に説明し、社会保障制度改革など再生のプランを具体的に提案する。

日経プレミアシリーズ141

日本破綻を防ぐ2つのプラン

小黒一正　小林慶一郎

日本に破綻の危機が迫る。いま何をすべきか。正攻法は社会保障と税を抜本的に見直し、世代間不公平の解消を通じて再生を図る「プランA」だ。しかし、政治が混迷を深めるいま、官民一体となった対外投資によって、改革までの時間を稼ぎ、ダメージを和らげる政策、「プランB」も必要だ——。気鋭の研究者が日本の再生と成長への方策を大胆に提言。

日経プレミアシリーズ154

20歳からの社会科

明治大学世代間政策研究所　編

人口増を前提とした日本の社会システムに矛盾が生じている。いま何が起きているのか、これからどうなるのか——。政治経済から、外交安全保障、環境問題まで、私たちが直面する「大問題」を6人の論者がていねいに解説する、大人のための社会科教科書。

日経プレミアシリーズ 160

リスク、不確実性、そして想定外

植村修一

災害、事故、電車の遅れ……。誰もがいつも「リスク」に直面しているが、その本質を理解する人は少ない。「ナポレオンの100日天下はなぜ終わったか」「信長はなぜ本能寺で討たれたか」など歴史の事象から、日常生活のトラブル、ドラマの主人公の失敗まで、バラエティに富んだ事例を交え、リスクとは何か、管理するにはどうすべきかをわかりやすく解き明かす。

日経プレミアシリーズ 178

ユーロ破綻 そしてドイツだけが残った

竹森俊平

平和と経済統合の理想から出発したユーロは、当初からの構造矛盾を克服できず、南欧諸国の経済危機を拡大させている。この経済・金融危機は全世界を震撼させる大恐慌へと発展する勢いだ。独仏伊など欧州各国の利害対立や、国際機関の行動、深まる危機の様相を明快に解説。

日経プレミアシリーズ 203

食と健康の話はなぜ嘘が多いのか

林 洋著　重松 洋監修

流行の健康法や食事療法には、残念なもの、危険なものも……。ダマされないために、人体の基本を勉強しましょう。人間と「栄養」の関係をユーモラスに解説し、「肉を食べる意味」「糖質制限食のリスク」「サプリの効果」など、具体的ケースを考えるユニークな一冊です。

日経プレミアPLUS VOL.2

人は本棚で決まる

日本経済新聞出版社 編

「雑誌風」新書第2弾。池上彰氏と池井戸潤氏による対談「何のために働くのか」を収録。特集では、コンサル、クリエイターなど活躍するビジネスパーソンたちの本棚をのぞき、読書術を紹介する。さらに、作家・角田光代氏のロングインタビュー、小特集「オトナ語で出世できるか?」を収録。

日経プレミアPLUS VOL.5

今がわかる「世界史」

日本経済新聞出版社 編

「雑誌風」新書第5弾。特集では、今さら聞けないG20の現代史をビジネスパーソン向けにダイジェスト解説。またファイナンシャルプランナーと不動産アドバイザーが現代の不動産事情と買いどきについて語りあう「家を買おうかなともし思ったら……」も収録。

日経プレミアPLUS VOL.7

日本経済の行方

日本経済新聞出版社 編

「雑誌風」新書第7弾。自民党の経済政策で日本は本当に立ち直るのか? 飯田泰之氏、小幡績氏といった人気若手研究者がアベノミクスを概説する冒頭記事のほか、エコノミストによる対談、10Pで把握する経済政策史など、様々な角度から日本経済の展望を語る。